Mérida Gay

Mérida Gay
Crónica de los movimientos LGBTTT en la ciudad de Mérida (1960-2014)

Germán Pasos Tzec

www.librosenred.com

Dirección General: Marcelo Perazolo

Obra ganadora de la convocatoria Fondo de Apoyo para la Producción Editorial, del Ayuntamiento de Mérida a través de la Dirección de Cultura.

Está prohibida la reproducción total o parcial de este libro, su tratamiento informático, la transmisión de cualquier forma o de cualquier medio, ya sea electrónico, mecánico, por fotocopia, registro u otros métodos, sin el permiso previo escrito de los titulares del Copyright.

Primera edición en español - Impresión bajo demanda

© LibrosEnRed, 2015
Una marca registrada de Amertown International S.A.

ISBN: 978-1-62915-283-7

D.R.© Ayuntamiento de Mérida, 2015

Calle 59 Núm. 463 A por 52 y 54 Centro

CP 97000, Mérida, Yucatán, México

Para encargar más copias de este libro o conocer otros libros de esta colección visite www.librosenred.com

AYUNTAMIENTO DE MÉRIDA
2015-2018

Lic. Mauricio Vila Dosal
Presidente Municipal

Abog. María Dolores Fritz Sierra
Regidora Secretaria Municipal

L.A.E. Claudia del Rosario Canto Mézquita
Regidora Síndico Municipal

L.A.E. José Luis Martínez Semerena
Regidor Presidente de la Comisión de Cultura

Ing. Rommel Arturo Uribe Capetillo
Regidor integrante de la Comisión de Cultura

C. Rosa Margarita Ceballos Madera
Regidor integrante de la Comisión de Cultura

Lic. Alfonso Seguí Isaac
Regidor integrante de la Comisión de Cultura

Lic. María de los Milagros Romero Bastarrachea
Regidora integrante de la Comisión de Cultura

Lic. Víctor Hugo Lozano Poveda
Coordinación General de Política Comunitaria

Dr. Irving Berlín Villafaña
Director de Cultura

Para Raúl Antonio
Mi gran amigo de la adolescencia, porque no comprendo que hayas elegido ausentarte para siempre de este mundo, pero fue tu decisión que respeto y lamento mucho. Hasta siempre.

Introducción

La sociedad yucateca, como una democracia naciente, ha iniciado el camino hacia el reconocimiento de las diferencias y la valoración de las diversidades como característica fundamental de la unidad, de la convivencia armónica, del respeto al otro, independientemente de ideologías, etnia, filiación política, actividad laboral, sexo, género, orientación sexual, etcétera.

En este camino muchas personas, hombres y mujeres, de manera individual, o integrados a agrupaciones ciudadanas, han desarrollado un activismo a favor de la inclusión en el todo social de las diversas expresiones del género que nos son inherentes a todos, y que por siglos se consideró ajenas a la identidad cultural.

Así como en todas las personas, hombres y mujeres, existe una base o una potencialidad homosexual, que en algunos puede o no desarrollarse, de la misma manera todas las sociedades tienen una parte homosexual, o colectivos o grupos de personas con una orientación sexogenérica no heterosexual. Por lo tanto, muchos hombres y mujeres han asumido esta realidad, y llevan a cabo un titánico trabajo en dos principales direcciones: primero, a favor de las personas que son discriminadas por la sociedad por su orientación sexual, y, segundo, a favor de la sociedad en su conjunto, para contribuir al avance hacia una comunidad más tolerante, equitativa y madura.

Esta crónica del movimiento Lésbico, Gay, Bisexual, Transexual, Travesti, Transgénero (LGBTTT) en la ciudad de

Mérida, presenta una serie de acontecimientos en los que han tomado parte activa los colectivos LGBTTT, desde sus primeras manifestaciones en la localidad hasta la etapa actual, de las diversas estrategias e involucramientos en el proceso de la lucha por el reconocimiento de las diversas identidades sexogenéricas.

A través de anécdotas y hechos que sólo se encontraban en el recuerdo de muchas personas, pero principalmente de una recopilación de notas periodísticas, se ha elaborado este trabajo, cuyo sólo propósito es ofrecer un documento que pueda ser útil como referencia para quienes se interesan en el tema, y para la elaboración de nuevas, más amplias y más documentadas crónicas de los movimientos LGBTTT en la ciudad de Mérida.

Considérese como una aproximación a los movimientos y acciones que miles de personas en esta ciudad de Mérida han asumido para la visibilidad social y la autovisibilidad. Por su carácter de crónica no pretende interpretaciones de actos y hechos. Sin embargo, en el apartado de "Consideraciones finales" ofrezco una caracterización de las principales cuatro etapas del desarrollo de los movimientos LGBTTT en la ciudad de Mérida.

En los seis capítulos de este compendio se registran los más significativos cambios, desde las terribles razzias policíacas hasta los espléndidos concursos de belleza travesti de la actualidad a donde la ciudadanía asiste sin peligro de una redada. Desde el ligue gay en los antiguos cines y parques del Centro Histórico, hasta los encuentros sexuales convenidos a través de las páginas de Internet y del Facebook.

Muchos de los acontecimientos están relatados en primera persona, porque yo mismo he estado con presencia participativa en muchos de los movimientos, manifestaciones, actividades, plantones, marchas, reuniones de activistas, foros académicos, sesiones con servidores públicos, asociaciones civiles, juntas para la redacción y presentación de escritos a las autoridades. Y por si tiene alguna relevancia, también yo mismo fui recluido muchas veces, y con lujo de violencia, en la cárcel pública, en las famosas razzias de homosexuales de antaño.

Los más de los relatos, reseñas, anécdotas, entrevistas y manifiestos que aparecen en este trabajo se ofrecen gracias a muchos activistas. También contiene declaraciones públicas de distinguidos luchadores y luchadoras aparecidas en los periódicos locales, que además para enaltecer los movimientos, todas las notas cuentan con nombre y apellido, y así se incluyen en los apartados de esta crónica.

En el contexto de la sociedad yucateca, dividida en estratos económicos muy diferenciados y con muchas desigualdades económicas, sociales y culturales, la aceptación y tolerancia de las diversidades sexogenéricas ha presentado mucha resistencia. A pesar de una mayor instrucción, foros, campañas, y la amplia información científica que circula en Internet, todavía pesa en muchos yucatecos el sexismo tradicionalista y extemporáneo.

Muchos activistas afirman que los meridanos y los yucatecos seguimos siendo homofóbicos. Si hubiera avance ya se hubiera legislado en Yucatán el Matrimonio Universal, ya se tendría el Reglamento de Ley Estatal contra la Discriminación, centros de reunión en espacios dignos, no agresión a los trabajadores sexuales, gays, travestis y transgéneros, menos lenguaje discriminatorio en los medios de comunicación, más empleos para transgéneros y andróginos, políticas públicas para la transgeneridad, entre otras necesidades y demandas.

En este contexto se presenta esta crónica, con una visión de lo que hemos hecho como sociedad en los últimos cincuenta años, en la cuestión de la diversidad sexual, con un enfoque incluyente, lejos de los acostumbrados mesianismos y personalismos idealizados, para ofrecer una mirada amplia y socializada de lo que ha sido la lucha por la no discriminación de las diversidades de género.

El Autor

Capítulo 1. Las y los precursores

Las primeras manifestaciones relevantes por la reivindicación de las expresiones Lésbico, Gay, Bisexual, Transexual, Travesti, Transgénero (LGBTTT) en la ciudad de Mérida pueden ubicarse en la segunda mitad de los años 70 y durante la década de los 80. Entre las primeras manifestaciones para la visibilidad reflexiva de las expresiones homosexuales en Mérida están las que aparecen a finales de los 70.

Un grupo de estudiantes de Bellas Artes y varios de sus amigos autodidactas, hombres y mujeres, quienes se convirtieron en destacados exponentes del Teatro, las Artes Visuales, la Literatura y la Danza, presentaron en el Teatro de la Universidad de Yucatán la obra de teatro gay, *Los Chicos de la Banda*. Casi al mismo tiempo, se integra una pequeña agrupación de artistas y estudiantes con la finalidad de difundir en el medio homosexual de esta ciudad ideas e información de los movimientos que se habían iniciado en la capital del país.

El contexto represivo, el rechazo, las vejaciones, hacia las expresiones homosexuales en Mérida, la imagen ridícula que difundía la televisión y el cine de los gays, empezó a encontrar respuesta principalmente en los artistas, estudiantes de las diversas especialidades artísticas, así como en estudiantes universitarios que rápidamente se integraron a este movimiento.

El contexto en el que se gestaron los primeros movimientos LGBTTT en Mérida, son los cuestionamientos sociopolíticos de los años 70, entre los que se pueden mencionar, el rechazo a la corrupción en el gobierno, la pobreza, la explotación de los trabajadores, la falta de apoyo y abandono de los campesinos, y hechos históricos como la primera participación en 1978 de un numeroso contingente de homosexuales y lesbianas integrados a la Marcha en Conmemoración del 2 de Octubre de 1968, llevada a cabo en la ciudad de México.

En 1979 se llevó a cabo la Primera Gran Marcha del Orgullo Gay en México DF, que fue repercusión de las primeras Marchas del Orgullo que se realizaban y se siguen realizando en todo el mundo, para conmemorar los disturbios de Christopher Street, cuando el 28 de junio de 1969 los clientes del Bar Gay Stonewall, a las afueras de Nueva York, repelieron por tres días consecutivos a la policía, que había emprendido una campaña de razzias en contra de los centros de reunión de homosexuales en EEUU.

A partir de 1970 se celebra el 28 de junio como el Día de la Liberación Homosexual, y se acostumbra que la celebración se realice el último sábado de junio. En EE UU ese año de 1970 se realizaron marchas simultáneas en Los Ángeles y Chicago. Al año siguiente se realizaron Marchas del Orgullo Gay en Boston, Dallas, Milwaukee, Londres, París, Berlín Oeste y Estocolmo. En 1972 las ciudades participantes ya incluían a Atlanta, Bufalo, Detroit, Washington D. C., Miami y Florida. Actualmente las Marchas del Orgullo Gay se celebran en todo el mundo, teniendo especial relevancia los países en los que participan un gran número de personas, entre éstos Brasil y México.

Iniciaban los años 70 cuando llegaron a Mérida las noticias de la brutal represión estudiantil en México del Jueves de Corpus, el 10 de junio de 1971, en la que el gobierno de Luis Echeverría comandó la masacre en la que fueron asesinados entre 75 y 125 jóvenes estudiantes, más de 300 heridos, y cinco mil estudiantes detenidos. Tanto en el Movimiento Estudiantil del 68 como en la Matanza del Jueves de Corpus de 1971, el gobierno genocida justificó sus actos, argumentando la infiltración en México del comunismo soviético. (Recientemente en el Movimiento Estudiantil "Yo Soy 132", el entonces candidato Enrique Peña Nieto en 2012, manifestó que este movimiento era producto de la infiltración de las FARC, y en caso de ser presidente la combatiría con todo el peso de la ley).

El 14 de febrero de 1973, todo Yucatán y todo México, se estremecen llenos de indignación al conocerse la escalofriante noticia del secuestro y asesinato del joven estudiante de leyes Efraín Calderón Lara, *El Charras*, quien había organizado sindicatos y encabezado movimientos por el respeto a los derechos de los trabajadores. El crítico Gerardo Ochoa Sandy señala como autor intelectual del crimen al ex gobernador Carlos Loret de Mola, y la complicidad en el artero asesinato de Carlos Sansores Pérez "El Negro" y el ex gobernador Víctor Cervera Pacheco (*Proceso*, 21 de julio de 1990).

A nivel internacional, una de las noticias más importantes que motivaron a un movimiento gay meridano fue el Decreto de las Naciones Unidas, por el que se instituyó el año de 1975 como "Año Internacional de la Mujer", y el día 8 de marzo como "Día de la Mujer Trabajadora", en conmemoración del Movimiento Obrero Femenil de 1857 en una fábrica textil de Nueva York. Las obreras exigían igualdad de salarios y una jornada de 10 horas, y no de más de 12 horas de trabajo como estaba establecido. La respuesta de los dueños a aquella reclamación fue provocar un incendio en la planta ocupada, en el cual murieron las 129 obreras.

Asimismo, desde 1981 se instituyó el 25 de noviembre como "Día contra la Violencia hacia las mujeres", para conmemorar el brutal asesinato de las tres hermanas Mirabal en la República Dominicana, el 25 de noviembre de 1961. Las hermanas Mirabal, también conocidas como Las Mariposas: Patria, Minerva y María Teresa Mirabal, fueron tres hermanas dominicanas que se opusieron férreamente a la dictadura de Rafael Leónidas Trujillo.

Los Chicos de la Banda. En este contexto local, nacional e internacional, el grupo de activistas gay de Mérida, proponen, ensayan y llevan a escena, la famosa obra de teatro *Los Chicos de la Banda*, que se presentó en el Teatro de la Universidad de Yucatán en el año de 1978. Recuerdo que en esos años al Teatro de la Universidad se había puesto el nombre de Teatro "Efraín Calderón Lara", y este nombre se leía en el friso de la entrada al Teatro, pintado con letras blancas, donde ahora se lee el nombre de Teatro "Felipe Carrillo Puerto", con letras metálicas negras, y más recientemente se instaló un busto dorado del ex gobernador socialista.

En la puesta en escena participaron casi veinte actores, todos hombres, y la trama se desarrolla en un departamento de uno de los personajes, cada uno con una historia que contar, pero todos con la esperanza de que algún día terminen los insultos, la mofa, la represión policiaca y la discriminación. El desenlace es el cuestionamiento de los chicos de la banda a uno de sus integrantes, quien es casado con una mujer con la que tiene hijos, para que, así como los demás chicos han empezado a asumir su identidad gay, lo presionan para que salga del closet, y le confiese a su esposa por medio de una llamada telefónica, que es gay.

Marca el número y cuando contesta su mujer, ante la expectación inquisidora de los chicos de la banda, le dice, lleno de nerviosismo, temor y voz entrecortada: "Hola amor, sólo te llamo para decirte que te amo y siempre te amaré". Y aquí cae el telón, con el estruendoso aplauso del público que llenó el Teatro de la UADY en las pocas presentaciones de *Los Chicos de la Banda*. Esta obra teatral es una puesta en escena como adaptación para teatro de la famosa película *Los Chicos de la Banda*, que se proyectó en el cine Fantasio por pocos días, unas semanas después de la puesta en escena de los activistas del colectivo gay de Mérida.

La dirección estuvo a cargo del reconocido teatrista Erick Renato, y en el elenco estuvieron los destacados actores José Antonio López Lavalle, Willy Paredes y Oswaldo Novelo Cascante. En esos años de la década de los 70 en la ciudad de México esta puesta en escena la impulsó un grupo de actores encabezados por la activista lesbiana Nancy Cárdenas, quien falleció en 1994.

También en 1978, llegaron a Mérida representantes gays de la agrupación denominada Lesbianas y Homosexuales en Apoyo a Rosario Ibarra (CLHARI), integrado al Partido Revolucionario de los Trabajadores (PRT), y convocaron a los activistas meridanos a una reunión que se llevó a cabo en un predio interior situado sobre de la calle 60 frente al parque de Santa Lucía. Era año electoral y el PRT había postulado a Rosario Ibarra de Piedra como candidata a la presidencia de la República, quien en su plataforma política ofreció apoyo a los grupos de liberación homosexual, que habían aparecido en las más importantes ciudades de México, como Mérida.

Aquí cabe mencionar que las primeras Marchas del Orgullo en la ciudad de México se llevaron a cabo ante el estupor y mutismo oficial, y los noticieros nada informaban al respecto, tampoco la prensa local en Mérida, solamente algunos periódicos de circulación nacional incluían escueta información de las marchas gays en la capital del país.

Primer Manifiesto. Uno de los primeros manifiestos que encontré es un panfleto elaborado en mimeógrafo que circuló por varios parques de Mérida, especialmente en los del Centro Histórico, y data de 1981, aunque no está fechado, pero en el texto menciona que "desde hace tres años se realiza una Marcha en la ciudad de México", y esa primera Marcha a la que se refiere este documento fue en 1979. Tampoco menciona ninguna agrupación que la haya reproducido y distribuido. Era una hoja mimeografiada tamaño oficio, debido a que el texto es un poco largo para una hoja tamaño carta, y que dice lo siguiente:

26 DE JUNIO DIA DEL HOMOSEXUAL EN TODO EL MUNDO

A LOS HOMOSEXUALES DE MERIDA:

La sexualidad es inherente a todo ser vivo, y entre los animales se manifiesta de diversas maneras, no siendo ninguna de ellas antinatural o anormal, ya que incluso la homosexualidad misma existe entre los animales en forma natural.

La moral se nos ha inculcado, producto de la moral cristiana, es la que hace ver cualquier forma de relación sexual como antinatural o inmoral si no está encaminada a la reproducción. La sociedad hipócrita señala la práctica homosexual como una desviación o enfermedad, aun cuando el homosexual no es ningún enfermo ni está afectado en su organismo. La sexualidad tiene una amplia gama de manifestaciones en los seres humanos y la homosexualidad es una de ellas. Existen estudios lo suficientemente serios y avalados por eminentes psiquiatras norteamericanos y europeos como Kinsey, que han demostrado que la homosexualidad no es ninguna enfermedad y si es una práctica sexual más, tan normal como cualquier otra, además de haber comprobado mediante estudios realizados en diversos países con miles de hombres y mujeres, que las manifestaciones sexuales en los seres humanos varían de la heterosexualidad a la homosexualidad sin marcar límites precisos entre ambas formas, siendo las dos perfectamente válidas y normales. La homosexualidad ha existido en todas las culturas del mundo, por ser una forma de sexualidad más.

El homosexual no es ningún criminal, sin embargo ha sido y es perseguido con saña, se le burla, se le agrede, se le ridiculiza y se le segrega de diversos campos de trabajo por su condición de homosexual. Oscar Wilde, eminente figura de las letras inglesas en el siglo XIX, fue encarcelado al ser descubierto homosexual, destruyendo así su vida y su integridad moral para el resto de sus días. De igual forma, la sociedad hipócrita que se niega a aceptar al homosexual, fue la que tergiversó los poemas de Miguel Ángel para no demostrar que ese portento de hombre, a quien verdaderamente amaba era un hombre: Tommaso Cavalieri.

Estamos en todas partes y en todas las épocas, somos forjadores de las grandes muestras de la cultura universal, aunque no se nos sea permitido manifestarnos como homosexuales. Y ahí están las obras de Leonardo da Vinci, Miguel Ángel, Shakespeare, Óscar Wilde, Tchaikovsky, Marcel Proust, Francis Bacon, y de miles de artistas más y figuras de la historia universal. Estamos en todas partes.

Se nos ha pretendido separar, como se ha segregado a la mujer o al campesino, y se nos hace pasar como gente de "costumbres raras", como objetos chistosos, pero antes que nada somos seres humanos y como tales tenemos derecho a elegir nuestra forma de vida, somos íntegros en la medida que nos dejen serlo, somos tolerantes porque no nos han dejado otra opción, somos señalados por una heterosexualidad que se ha designado a sí misma como normal, y seguiremos así hasta que no levantemos nuestro puño y nos defendamos, y propugnemos por una democracia sin sexismo, sin segregaciones, sin persecuciones, sin encarcelamientos por el hecho de ser homosexuales.

En México las vejaciones al homosexual por parte de la corrupta policía se suceden a diario.

El 26 de junio es el Día Mundial del Homosexual y como tal es celebrado anualmente en diferentes países como Estados Unidos, Alemania, Holanda, España, Francia, Inglaterra y muchos más, con grandes festividades político-culturales por parte de las diferentes comunidades y asociaciones de homosexuales. En México desde hace tres años se realiza una marcha de homosexuales, en pleno corazón de la Ciudad de México, misma que el año pasado concentró a más de 50 mil homosexuales y lesbiana con el silencio por parte de la televisión y de la mayoría de la prensa. Este año también se celebrará, de nuevo en la capital el 26 de junio, con una semana de actividades que culminarán con una Marcha del Orgullo Homosexual.

El 26 de junio de 1969 fueron masacrados decenas de homosexuales en un gay bar de Stonewall, Nueva York, por la policía por el hecho de estar reunidos y de ser homosexuales, y esta fecha marca el inicio de los movimientos de liberación homosexual en el mundo, aun cuando desde 1864 un grupo de especialistas pugna por una ley que no establezca diferencias sexuales. A partir de entonces iguales propuestas se hicieron en diferentes países para modificar su respectiva Constitución y deroguen los artículos sexistas y se establezca la libertad de manifestación sexual, como en Alemania en 1869, en 1911 en Holanda, en 1928 en Dinamarca, en 1923 en la URSS, etcétera.

COMPAÑEROS HOMOSEXUALES: No debemos permitir que se nos siga considerando como entes raros; que nos encarcelen por nuestra condición homosexual; que nos persigan y señalen como inmorales. Debemos luchar unidos para que nada de esto continúe.

¡Ya basta de ser considerados como mujercitos! ¡Basta de represión sexual! ¡Basta de sexismo! ¡Ya basta de recibir los peores nombres y ser vejados!

POR TU ORGULLO DE SER HOMOSEXUAL, RECUERDALO: 26 DE JUNIO, DIA DEL HOMOSEXUAL.

HOMOSEXUALES Y LESBIANAS ESTAMOS EN TODAS PARTES!!!

El Parque Hidalgo. Dedico este apartado al Parque Hidalgo, porque durante muchos años en las décadas de los 50 y 60 tuvo fama de ser centro de reunión de homosexuales de buenas familias, según los informantes de aquellas épocas. Un joven varón no podía vérsele sentado en el Parque Hidalgo porque corría el riesgo de ser tildado como homosexual, independientemente de que lo fuese o no. De todos modos la tradición oral se imponía, y las más de las veces por broma o solamente para chocar al descubierto en ese parque se le decía, a son de guasa, que ya le gustaba ir al Parque Hidalgo, como diciéndole que ya le gustaban las personas de su mismo sexo.

Para la segunda mitad de los años 70, la fama del Parque Hidalgo de ser lugar de reunión de homosexuales había decaído, y uno de los parques del Centro Histórico que empezó a identificarse como un centro de ligue gay por excelencia es la "Plaza Grande" de Mérida, junto con el Parque de Santa Lucía y el Parque de Santa Ana. En estos parques se había establecido no sólo la posibilidad de los encuentros de jóvenes gays, sino también un sitio para el sexoservicio homosexual de la ciudad de Mérida. Sobre el servicio sexual gay en la Plaza Grande y los otros parques, incluyo un apartado en el capítulo 3.

El prestigio del Parque Hidalgo era otro en las décadas de los años 20 y 30, ya que en sus bancas se reunían por las noches un grupo de jóvenes poetas y escritores que alcanzaron destacada relevancia en la producción musical y literaria de Yucatán. En los años 20 se reunía un grupo de noveles escritores que encabezaba el Mtro. José Esquivel Pren, y a las que asistía el joven Ricardo López Méndez. Este grupo se autodenominaba Grupo Literario Esfinge, pero por reunirse en las bancas del Parque Hidalgo se le conoció festivamente como "Los Parquianos" (Luis Pérez Sabido, Discurso en la develación del busto de Ricardo López Méndez en el Parque de las Américas en febrero de 2000).

De dónde surgió en los años 50 la fama del Parque Hidalgo de ser centro de reunión de homosexuales —lo que probablemente a muchos varones les caía en gracia y a otros no tanto—, nadie lo sabe a ciencia cierta (cuando menos yo no he encontrado a nadie que lo supiera), pero la tradición oral recoge este importante dato para una crónica de las expresiones, manifestaciones y movimientos LGBTTT en esta ciudad de Mérida.

En el apartado "Lugares gay en la 66 Amapola" de este mismo capítulo incluyo un relato del periodista Conrado Roche

Reyes, en el que menciona las reuniones de jóvenes estudiantes en el Parque Hidalgo en los años 60 para organizar visitas a la zona de tolerancia, y ponerse de acuerdo de quién de los amigos del grupo sería el que tendría la comisión de realizar el "trabajo sucio" de enamorar a alguno de los encargados homosexuales de los centros nocturnos de la 66 Amapola, para que los demás disfruten gratis de las bebidas y de los espectáculos nudistas.

Tixkokob. De esos años 60 y 70 data también la fama de la localidad de Tixkokob donde, según la tradición oral de ese entonces, los varones de ese pueblo tenían mucha afinidad por las relaciones homosexuales, y muchos eran afeminados. Era una expresión que se propagó a manera de broma — de muy mal gusto desde luego—, ya que cuando un varón manifestaba abiertamente sus impulsos sexuales hacia otro varón, rápidamente se aseguraba que era de Tixkokob. No encontré ninguna referencia histórica que explicara claramente esta tradición, pero en la actualidad en todas las localidades de Yucatán, se puede apreciar, sobre todo en los parques centrales, a muchos travestis y transgéneros, parte de la sociedad en las comunidades del interior del Estado.

Los activistas de los 80. Como he mencionado, en el inicio de los años 80 ya existía en Mérida un grupo de jóvenes, hombres y mujeres activistas, formado principalmente por artistas, estudiantes universitarios y trabajadores. El propósito era trabajar sobre la problemática de la represión social en contra de las expresiones homosexuales y su función principal era la de difundir información, cuestionando el sexismo y la marginación de los homosexuales, para lo que se proyectó la edición de una revista gay. Algunas reuniones se llevaron a cabo en la Cafetería Pop, sobre la calle 57 frente al edificio central de la Universidad de Yucatán.

A finales de 1985, llegaron a Mérida dos importantes visitantes del movimiento gay en México: los activistas Emilio

Velázquez Ruiz, del Grupo Orgullo Homosexual de Liberación (GOHL) de Guadalajara, y Brent Hansen, del Grupo Frente Internacional para las Garantías Humanas de Tijuana (FIGHT) de la ciudad de Tijuana. Ambos habían participado en la organización de las primeras Marchas del Orgullo en el Distrito Federal, y Brent en las Marchas de Los Ángeles, California, EEUU.

Ellos contactaron a los activistas de Mérida, para comunicarles un mensaje de entusiasmo y motivación para mantener la lucha y llevar a cabo actividades para difundir información a los colectivos gays así como a la sociedad en general. En esa reunión, Emilio Velázquez y Brent Hansen, donaron doscientos dólares, como una primera aportación, para apoyar las actividades de la renaciente agrupación. Propusieron que ese dinero se depositara en una cuenta de ahorros mancomunada de dos personas y se pidió que se designara a los responsables para el cuidado y manejo de esa cuenta. También se propuso que la cuenta de ahorros se abriera en el Banco de México que recientemente había abierto su sucursal en la Casa de Montejo, frente a la Plaza Grande.

Quiero señalar que hasta aquí no he mencionado ninguno de los nombres de los compañeros que formaron parte de esos primeros grupos de activistas gays en Mérida. Pero hoy me llena de satisfacción haber participado en esos primeros movimientos, al lado de personas, muy jóvenes en aquellos años, y que actualmente son verdaderas figuras en el ámbito de la cultura y el arte en Yucatán.

En este grupo participaban: Bertha Merodio, quien actualmente es primerísima actriz de teatro y promotora cultural, ampliamente reconocida en la localidad; Enrique Cascante, con una destacada trayectoria como actor y como director de escena; Willy Vázquez, gran maestro, actor y director de teatro, con un reconocido trabajo en arte escénico con niños; Juan Ramón Góngora, un verdadero profesional de teatro, actualmente desarrollando su talento creativo en Mérida; Roger Cámara Fitzmaurice, un estilista y actor de mucho prestigio; Gwendy López, actriz comprometida con el movimiento, quien para ese entonces ya era casada y tenía dos muy pequeños y bellísimos hijos; y el atractivo actor Gabriel Arroyo, quien estuvo en los elencos de muchas obras de teatro.

Había más integrantes, de los que no recuerdo sus nombres, pero recuerdo perfectamente que Bertha era la primera que sacaba de su cartera 50 mil pesos (de esa época, claro) para aportar a la caja de recursos económicos, antes de que se diera por terminada la reunión y se recordara que había que colaborar quienes pudieran y quisieran, para apoyar las actividades.

Una de las acciones que se proyectaron fue la elaboración y distribución de una revista especialmente dirigida a los colectivos LGBTTT, y se pidió que se llevaran propuestas de textos, así como del nombre que tendría esa revista, aprobándose "Super Gay". Se presentaron algunos artículos, y se incluyó un cómic. En ese cómic, se veía a Super Gay defendiendo los derechos de los homosexuales y lesbianas.

Una parte de los recursos que estaban depositados en el banco se utilizaron para un evento que se llevó a cabo en la Casa de la Cultura en julio de 1986, de lo que informo en un apartado más abajo.

Este grupo se disolvió, los activistas se desvincularon de los trabajos, sólo unos compañeros, tres o cuatro, de los que sólo recuerdo a la compañera, Flor Leal Castillo, (quien después se ausentó para estudiar sociología en la UAM-Xochimilco), continuaron muy activos en la realización de la revista, y cuando ya la dieron por terminada, se retiró el dinero del banco para su edición, cancelando la cuenta.

Posteriormente informaron que pagaron a la imprenta un trabajo necesario, previo a la impresión, restando una pequeña cantidad, misma que no alcanzó para la edición. Se acordó que se haría lo posible por reunir el dinero para el tiraje, pero esto no se logró, y la revista no pasó de ser sólo un buenísimo proyecto.

Simultáneamente a la aparición de las primeras asociaciones para la prevención del VIH a finales de los 80 y durante la década de los 90, se registra en esa década en la ciudad de Mérida, un fuerte movimiento de los grupos LGBTTT, enfocado a eventos de tipo festivo, principalmente concursos de belleza travesti, que incluía un espectáculo artístico también de travestis, y en muchas fiestas, ya por los 90, la participación de "streppers".

En 1990 se funda la Asociación "Yaxché", dedicada a la prevención del VIH, con la participación de jóvenes activistas del colectivo LGBTTT; en 1993 se abre el albergue "Oasis de San Juan de Dios", en Conkal, para enfermos de VIH; en 1998 se abre el Centro Cultural Gay "Casa de la Neifa", por el rumbo de San Cristóbal; y en el 2000 se funda la Asociación "Buenas Intenciones" para la difusión de información científica acerca de la homosexualidad. Sobre estas primeras agrupaciones en apoyo a las expresiones lésbico-gay, volveré en apartados más abajo.

Segundo Manifiesto. Lo que a continuación incluyo es un manifiesto a la opinión pública, que salió en el periódico de circulación nacional *La Jornada*, en julio de 1986, donde subrayo la firma del Grupo Pro Derechos Homosexuales de Mérida, y como responsables de la publicación están los nombres de Arturo Díaz Betancourt y de Jorge Luis Fichtl García. En el Distrito Federal se tenía conocimiento de los trabajos en Mérida por esos años, y los activistas de la localidad apoyaron el manifiesto nacional, junto con diversas asociaciones de la ciudad de México y de otras ciudades de la República.

A LA OPINION PÚBLICA. A LA COMUNIDAD LESBICA-HOMOSEXUAL

El sábado 5 de julio se organizó la Octava Marcha del Orgullo Lésbico-Homosexual, una de las nuevas tradiciones urbanas de la sociedad civil marginal. Marchamos cerca de 2 mil lesbianas y homosexuales, que en el trayecto nos vimos agredidos reiteradamente por las patrullas, grúas y policías, supuestamente encargados de la vigilancia y de la protección. No esperábamos ciertamente de la policía amplio criterio o respeto moral hacia nuestra disidencia, pero no imaginábamos hasta qué punto el prejuicio machista se convertiría en agresión al derecho elemental de reunión, y a los derechos humanos. De nuevo nos enfrentamos al dilema: ¿Ante quién protestar? ¿Quién responde por la conducta de la policía?

Desgraciadamente, en el último año se ha notado un marcado retroceso en la ampliación de la tolerancia hacia la gente gay de México. El linchamiento informativo a propósito del Sida (realidad trágica que merece aquí y en todas partes el apoyo científico y la solidaridad social, y no esta cruel culpabilización de la víctimas), ha reestructurado y renovado la homofobia ancestral. A las difamaciones habituales ahora se añade la de "leprosos medievales". Han sido inútiles los modestos intentos de explicar la índole de la enfermedad; se sigue hablando "de castigo de Dios", mientras se deja a un lado el trabajo urgente de difundir, sin gritos apocalípticos, las características de la enfermedad y sus medidas preventivas (al respecto, es inevitable decir que muchos gays siguen actuando irresponsablemente al no tomar las precauciones elementales ya conocidas).

Ninguna campaña de escándalo amarillista carece de resultados. La homofobia se traduce en hostigamiento social y policiaco, en discriminación laboral, en asesinatos (la policía del Distrito Federal ha proporcionado la cifra, seguramente conservadora, de 27 personas gays asesinadas de enero a junio de este año. Ver *La Prensa*, 5 de julio de 1986). Los ataques a la Marcha Lésbico-Homosexual son parte de este clima, de represión aunque también son parte de la situación general de agresión a los ciudadanos.

Ante estos hechos, levantamos nuestra enérgica protesta y reiteramos la decisión de continuar. Nuestra opción es legítima y queremos defenderla de modo más consciente y crítico posible. Ante la victimatización, ante el linchamiento informativo, oponemos la certidumbre de los millones de existencias responsables y útiles de lesbianas y homosexuales en México y el mundo; oponemos la seguridad de que sin la tolerancia y el respeto hacia las minorías nunca se alcanzará la madurez social.

Firman: Archivo Gay de Occidente; Cálamo AC; Círculo Cultural Gay Crisálida; El Vaquero, lecturas y proyecciones AC; El taller AC; Grupo Azomalli; Grupo Dignidad Gay; Grupo Editorial ¡Y Qué!; Grupo FIGHT; Grupo Gay-Lésbico de Colima; GG 28 de Julio; Grupo Lésbico de Guadalajara; Grupo Nueva Generación Gay de Guadalajara; Grupo Pro Derechos Homosexuales (México, Mérida y Toluca); ICM de Guadalajara; Mujeres Urgidas de un Lesbianismo Auténtico; Seminario Marxista-Leninista Feminista de Lesbianas; Sex-Pol; Taller de Poesía Gay; Taller Homosexual de Pintura; Taller Lésbico Sor Juana Inés de la Cruz. Responsables de la publicación: Arturo Díaz y Jorge Luis Fichtl (*La Jornada*, lunes 21 de julio de 1986).

Importante evento activista de los 80. El activismo de los 80 se caracterizó por ser intermitente. Los iniciadores de los 70 se habían desligado del activismo, y sólo algunos permanecieron, y se incorporaron nuevos miembros a las renovadas agrupaciones de los 80. La generalidad de las agrupaciones era de tipo festivo y se reunían para la organización de eventos para la diversión y socialización. Entre éstas está el grupo de "Las Boquitas Pintadas" que llevaron a cabo la entrega de los premios chuscos "El Comal de Oro" y "El Falo Dorado".

Una agrupación de vanguardia, entre la elaboración de planes de trabajo, la edición de una revista, y propuestas para la organización de eventos para la recaudación de fondos, también propuso que el grupo tuviera un nombre, y entre los varios propuestos se aceptó que se denominara "Grupo Autónomo Yucatán", por sus siglas GAY.

En junio de 1986 el Grupo Autónomo Yucatán (GAY) organizó un Foro de Sexualidad Humana y Marginalidad Sexual, en la Casa de la Cultura del Mayab, ubicada en la calle 63 por 64 y 66 del Centro de Mérida, los días 27 y 28 de junio y se anunció a través de la prensa (*Novedades de Yucatán*, 25 de junio de 1986, sección local).

En este evento participaron verdaderas personalidades del medio científico de la localidad, que fueron invitados a participar por los organizadores. Conservo de este foro el boletín de prensa que se distribuyó a los periódicos, aunque si bien el periódico *Novedades de Yucatán* incluyó el anuncio de la actividad, ningún periódico publicó nada del comunicado de prensa fechado el 29 de junio de ese año.

La trabajadora social Marina Chabelas Fernández del IMSS señaló la necesidad de una educación sexual desde la primera infancia, pero destacó que la educación sexual se requiere más en las personas adultas.

La señora Bertha Hernández de A. expuso que su hijo tiene conductas sexuales que son criticadas por la gente, pero considera que él no es más que un muchacho diferente, y que cada quien tiene derecho a ser diferente. Que ella defiende la libertad, pero no el libertinaje.

La economista Esperanza Saucedo Romo, del Fideicomiso Henequenero dijo que los marginados sexuales, madres solteras, mujeres violadas, lesbianas, homosexuales, etc, han empezado a ser escuchados y sus demandas han sido recogidas por los partidos de izquierda para exigir igualdad de oportunidades de trabajo, respeto a la integridad moral y física y un alto a la represión y a las razzias de homosexuales.

El psicólogo José González, egresado de la UNAM, expuso el trabajo de Kinsey en el cual sitúa a la actividad sexual humana en un continnum hetero-homosexualidad. La economista Leonor Villamil Rodríguez, planteó la condición de la mujer como subyugada y como objeto de consumo, así como la represión social hacia las prácticas sexuales que no responden a la funcionalidad establecida.

El antropólogo físico Federico Dikinson Banak, investigador de la Unidad Mérida del CINVESTAV; la licenciada en Historia Alejandra García Quintanilla, investigadora del DEES del Hideyo Noguchi; y el doctor psiquiatra Roberto Cárdenas Gutiérrez, del Hospital Psiquiátrico de Yucatán, coordinados por el antropólogo Guillermo Alonzo Angulo, coincidieron en la afirmación de que la marginalidad sexual existe en todo individuo porque éste desde niño empieza a ser vigilado y encaminado al desarrollo de la sexualidad socialmente aceptada, y que posteriormente el individuo se vuelve policía de sí mismo y vigilante de los demás. Cuando la sociedad no logra controlar la práctica sexual del individuo, éste se convierte en marginado sexual.

El doctor Cárdenas Gutiérrez expuso que el miedo es un factor que influye para que no se acepten como sociales las prácticas sexuales marginadas, aunque de hecho existen grandes grupos de la población que realizan esas prácticas. El miedo a propiciar lo impreciso o el desorden social impide que se reconozca que la moral que se predica no es la que se practica.

Firmaron el boletín de prensa por el Grupo Autónomo Yucatán: Flor Leal Castillo, tel: 25 13 95; Gwendy López, tel: 24 86 04; Germán Pasos, tel: 24 79 06; Juan Ramón Góngora, tel: 21 92 74; Wilberth Sansores, tel: 23 35 32; David Toledo Caro y Roger Cámara Fitzmaurice.

Aquí, quiero mencionar, que entre el auditorio, se encontraban los invitados del Partido Mexicano de los Trabajadores (PMT) —cuyo líder nacional era el ingeniero Heberto Castillo—, y que habían asistido a esta actividad del GAY. Estos son los militantes Rafael Catzín Pech, estudiante de secundaria, y Genaro Villamil Rodríguez, quien en esos años era un sobresaliente estudiante de preparatoria. Actualmente Rafael Catzín es representante en Yucatán del Partido Migrante de México, y Genaro Villamil Rodríguez, es un destacado analista político a nivel nacional, radicado en la ciudad de México.

Este evento cerró con una presentación artística a cargo de los compañeros actores y actrices. Se leyó poesía gay y lésbica. Recuerdo que la compañera actriz Gwendy López con el rostro cubierto con un velo negro, aparecía entre las cortinas, con los senos al descubierto, como marco sublime durante la interpretación de un poema lésbico en homenaje a los senos. El fondo musical de todo el montaje escénico estuvo a cargo del guapísimo y joven pianista Aarón Villanueva.

Primeros centros de diversión para gays. Se ha registrado en Mérida, a lo largo de los últimos cincuenta años, un persistente interés de personas, por lo general de la comunidad gay de esta ciudad, de establecer centros de diversión y esparcimiento dirigidos a los colectivos LGBTTT. Por diversas circunstancias, muchos de estos espacios se han abierto y se han cerrado al poco tiempo, logrando mantenerse solamente algunos contados establecimientos.

Lugares gay en la 66 Amapola ex zona de tolerancia. Durante los años sesenta y, probablemente desde mucho antes, funcionaron en la zona de tolerancia algunos bares que la clientela había establecido como centro de reunión de gays, y que sus propietarios habían dispuesto accesibilidad, buen trato y espectáculos de vedettes travestis para los asistentes. La zona de tolerancia, fue un complejo de centros nocturnos, bares y casas para el sexoservicio heterosexual, por el rumbo de la calle 66 Sur, Colonia La Amapola, y fue cerrada definitivamente en 1972, a raíz del asesinato del hijo de un alto comandante de la Policía del Estado.

Se ha dado a conocer por algunos cronistas de esa época que algunos de los propietarios de los centros nocturnos de la

Zona, incluyendo los centros para gays, eran de la comunidad homosexual de Mérida. (Conrado Roche Reyes. Variaciones sobre un mismo tema. Mayatismo. *Por Esto!*, jueves 22 de febrero de 2007).

El centro nocturno El Coco destacó entre los lugares dirigidos a los gays en la zona de tolerancia, y a su propietario, señor Juan Paredes Velázquez, le apodaban "La Juana". Allí asistían grupos de gays acompañados de sus parejas o solos en busca de compañía. De acuerdo con las fuentes, ningún gay asistía vestido de mujer, pero muchos se vestían de manera femenina, con pantalones entallados y camisas de llamativos colores, complementando su atuendo con maquillaje, con lo que lograban una apariencia andrógina.

Hubo centros nocturnos muy concurridos, entre los que estaban el Villa Magdalena de mucho lujo y prestigio, y el Zaratoga, administrados por su propietario, el campechano Juan Betancourt Sanromán; también eran famosos el Veracruz y El Palacio Hindú, del que era propietario un señor apodado "La Roberta". Hubo muchos establecimientos para la diversión, pero los gays preferían asistir a determinados sitios, como el bar El Copas y el mencionado salón de baile El Coco.

En El Coco, se presentaban espectáculos de bailarinas travestis, y un travesti de nombre "Arturito", apodado "La Marilyn", fue muy apreciado y recordado por los clientes de este centro nocturno, por su cara angelical y su espigado cuerpo, que sabía mover espléndidamente al compás de los ritmos que tocaban los conjuntos tropicales de la época.

En ocasión de las propuestas dirigidas a algunas administraciones municipales de Mérida, de reabrir una nueva zona de tolerancia, algunos cronistas e historiadores, han mencionado que sería de mucho interés recopilar las anécdotas e historias que pueden contar muchas personas que asistían a estos sitios, y que todavía viven. Estos valiosos informantes son poseedores de muchas vivencias que ayudarían a revelar tantos secretos que todavía guarda para la historia, la ex zona de tolerancia de la ciudad de Mérida.

Quinta La Huerta y sus fiestas gays. La Huerta era una quinta ubicada en lo que es ahora el Fraccionamiento La Huerta, en el sector de la curva de la avenida Pérez Ponce, y se puso muy de moda en los años sesenta, por sus concurridas fiestas organizadas por jóvenes gays de altos ingresos y de distinguidas familias meridanas.

La Huerta se había convertido en un centro de reunión y elegantes fiestas, sólo accesibles para un muy selecto grupo de amigos y acompañantes, debido a que en esos eventos se invertían grandes cantidades de dinero que eran aportadas por quienes asistirían al festejo, además de que los asistentes debían pagar su consumo, ya que cada mesa tenía como requisito consumir al menos una botella de Bacardí, esto para sufragar los gastos que implicaban esas veladas gays de antaño.

Las fiestas que se organizaban tenían nombres y entre las más recordadas están: "Nos veremos en septiembre" y "Bone Free", que hacía remembranza de la famosa película del mismo nombre en la que aparecía un león bizco. Se recuerda que para las fiestas algunos asistentes que participaban en el show, se vestían de mujeres y para el efecto adquirirían sus telas en la tienda El Nilo, muy famosa en esa época por su gran surtido y lo más moderno en textiles. En "Bone Free" salían al final más de diez travestis, con espectaculares y amplísimos vestidos de diferentes colores, enfiladas en la orilla de la piscina, y al compás del tema del mismo nombre bailaban y levantaban la amplia falda haciendo las veces de un gran telón que sube y baja al ritmo de la música, con el fondo luminoso de juegos artificiales. El espectáculo fue muy aplaudido y recordado por los asistentes.

También fueron célebres las "Fiestas de Papel", donde los asistentes tenían como requisito hacerse ropa con cualquier tipo de papel que podía ser papel crepé, papel de china o papel de pan y periódico. Estas fiestas son recordadas con nostalgia por quienes asistían a La Huerta. Algunas de las personalidades más recordados en Las Fiestas de Papel son "La Madera" y Carlos Carrillo.

Según las fuentes, eran grandes acontecimientos, y la policía nunca interrumpió esas fiestas, como pasó unos años más tarde en los concursos de belleza gay, de los que doy algunos datos en apartados más abajo. Los informantes dicen que en La Huerta los policías, con todo y patrullas, cuidaban que no haya ningún escandaloso y que nadie se pusiera impertinente. En raras ocasiones alguno de los amigos de los acompañantes, y al calor de las copas, intentó pasarse de violento, pero fue rápidamente conminado a comportarse a la altura y en casos extremos expulsado de la fiesta, con la advertencia de que podía ser retirado por los policías, mismos que estaban pendientes a las puertas del extenso predio.

Entre los asiduos asistentes a los eventos se encontraban el destacado escritor y director de teatro Erick Renato, Milo Lam, Miguel Cid, Alonso Peón, "La Ducheza Descalza", Álvaro Domínguez y otros jóvenes, cuyos nombres han sido reservados por las fuentes, señalando que muchos eran de las familias de altos estratos económicos de la sociedad meridana.

Fue muy célebre y recordada, por su originalidad y gran participación, en uno de esos acontecimientos en La Huerta, por los años 1967 o 1968, la puesta en escena de la obra de teatro *Más sabe el diablo por puto que por diablo*, con un elenco de jóvenes actores amateurs o aficionados a la actuación, que participaron con la finalidad de compartir y convivir en uno más de esos espléndidos eventos gays.

Se recuerda que los ensayos para la puesta en escena se llevaron a cabo en la terraza de la secundaria "Adolfo Cisneros Cámara", al lado de la Iglesia de Monjas, donde hoy se encuentra la Casa de la Cultura del Mayab y Casa de las Artesanías. El guión según se informó, es original del escritor y teatrista Erick Renato.

La trama relata la situación de una señora con tres hijas a las que quiere casar a como dé lugar, y para lo que ha invitado a la casa a un prestigiado y rico candidato a yerno. Cada una de las chicas, tenía una personalidad diferente: una era boba, la otra muy sexi, pizpireta y casquivana, y la tercera muy religiosa y seria. Pero tenían además un hermanito llamado "Pepito", un jovencito muy inquieto y de tendencia gay.

El elenco estuvo integrado por "La Cachi Zaldívar", quien era un excelente pintor y cuyo cadáver fue encontrado años más tarde en su departamento de Cancún; según los informantes "La Cachi" fue brutalmente acuchillado y nunca se localizó a los culpables. "La Cachi" hizo el papel de la mamá de las chicas casaderas. Un joven de nombre Milton hizo el papel de la chica seria; Juan Gómez, el de la niña boba; y otro joven apodado "La Xuxú" personificó a la chica sexi. El personaje de "Cori", la vecina chismosa fue interpretado por Milo Cabrera; y el personaje de "Pepito" fue para el joven "Fojat", de quien se sabe que incursionó en el canto presentándose en bares y centros nocturnos de Mérida en los años 70, con mucho éxito.

Para que el señor visitante se llevara una grata impresión de las señoritas casaderas y de la familia, la mamá decidió que el candidato a yerno no debía ver a Pepito, quien era muy afeminado y podía arruinar el propósito de las hermanas de casarse con un buen partido. Por esto encerraron a Pepito en un cuarto y le dijeron que no debía salir; pero el chamaco, con la visita presente, empezó pegar de gritos para que le abrieran la puerta. Cada una de las señoritas estaba en su papel de tratar de conquistar al pretendiente y la mamá tratando restar importancia a los gritos de Pepito, aunque ya el visitante empezaba a tener alguna sospecha de que había alguien más que le podía interesar, gracias a los comentarios de la vecina chismosa.

El final de la obra Pepito se escapa y se aparece en la escena entre las hermanas, la mamá y el pretendiente. El candidato a yerno, ve al chico y de inmediato lo invita a dar un paseo. El pretendiente sale de la escena junto con Pepito y éste se despide de las hermanas y mamá, diciendo: "más sabe el diablo por puto que por diablo".

Otro de los acontecimientos que hicieron historia en La Huerta fue la presentación de "Pompidú", vestido de bailarina clásica. Este espectáculo fue recordado por mucho tiempo gracias a la gran popularidad de la que gozaba "Pompidú" desde aquellos años. En el show salió "Pompidú" con un tutú clásico para interpretar *El lago de los cisnes,* con una gracia singular, ya que "Pompidú" siempre fue muy subido de peso y exageradamente velludo, y se veía muy gracioso vestido de bailarina. Se recuerda a "Pompidú" cuando por muchos años fue el Bufón Oficial del Carnaval de Mérida, hasta que falleció en los años ochenta.

Capítulo 2. Activismo de la sociedad civil

El VIH

Lo que hubiera parecido un abandono en las movilizaciones de los colectivos LGBTTT en Mérida, finalizando los 80 y principios de los 90, al dejarse de registrar eventos de difusión de la diversidad sexual, encontramos que los movimientos tuvieron un reacomodo y un resurgimiento, ahora como movimientos integrados en agrupaciones defensoras del derecho a la vida de los enfermos de VIH-Sida y la no discriminación de las personas que desafortunadamente se habían infectado con el virus.

El trabajo de muchos activistas gays se enfocaba hacia esta preocupación, debido a que integrantes de estos colectivos, algunos muy conocidos y muy estimados, habían muerto, otros se encontraban en tratamiento, de los aplicados en ese entonces, y otros muchos, según los especialistas, ni siquiera sabían que estaban infectados. Asimismo, a partir del año 2000 se gestan los primeros plantones, las Marchas del Orgullo y acontecimientos a favor de las diversidades de género en los que participan, junto con la sociedad civil, la academia y la ciudadanía comprometida.

Yaxché contra el VIH. En 1990 se funda la Asociación Civil "Yaxché", dedicada a la difusión y prevención del VIH, especialmente entre la población gay de la ciudad de Mérida. Esta asociación era presidida por la activista Lizbeth Castillo, dueña en esos años de la cafetería Pop, y entre sus más cercanos colaboradores se encontraban la doctora Georgina Martínez, el enfermero José Manuel Polanco, el maestro Daniel Velázquez, y el promotor José Luis Matú. El local de esta asociación se encontraba en la calle 55 entre 56 y 58 del centro, y los activistas se reunían para planear campañas de sensibilización y la promoción del uso del condón. También gestionaban medicamentos con asociaciones nacionales y extranjeras, además de un programa de apoyo con despensas a enfermos de VIH, muchos de ellos enviados del Seguro Social y del Hospital O'Horán para recibir ayuda de esta agrupación, principalmente en medicamentos y despensas. Esta agrupación funcionó hasta su restructuración a mediados de los 90.

Oasis de San Juan de Dios. El Oasis de San Juan de Dios es una organización sin fines de lucro que inició sus trabajos en 1993, a través de un grupo de personas que fueron directa o indirectamente afectados por la pandemia del VIH-Sida. Su trabajo es totalmente gratuito. Ofrecen atención integral en vivienda, rehabilitación, defensa de los derechos humanos, la prevención y capacitación, incidencia política, la promoción, y servicios funerarios.

Los beneficiarios de la labor de Oasis son personas de todas las edades, con escasos recursos y sin seguridad social, dando prioridad a las zonas rurales e indígenas que viven con el VIH-Sida.

Cuentan con un albergue en la población de Conkal, que busca un cambio en la vida de los internos mediante su integración en la sociedad, otorgan medicamentos gratuitos para las personas de escasos recursos, y en 2009 lograron la apertura de una clínica especializada en VIH-Sida junto a la rampa del Hospital O'Horán.

Oasis ha impactado contra el VIH-Sida en más de 16 mil jóvenes de las zonas rurales y escuelas, la formación de sensibilidad y la enseñanza sobre el VIH-Sida a más de 320 estudiantes de medicina en el quinto semestre en la UADY. Han mejorado la calidad de vida de más de 700 personas que viven con el VIH-Sida en Yucatán, y han contribuido al acceso de medicamentos en el IMSS para más de 1,500 personas, y servicios de salud para más de 800 personas (albergueoasisdesanjuandedios.blogspot.mx. Consultado en agosto 2013).

En mayo de 2008, el presidente de Oasis de San Juan de Dios, Carlos Méndez Benavides, presentó una denuncia ante el Conapred, con copia al Arzobispo de Yucatán, debido a que el párroco de Conkal se había referido a un fallecido por VIH de manera discriminatoria. En la denuncia Carlos Méndez Benavidez, señala que el párroco se habría expresado ofensiva e injuriosamente hacia las personas homosexuales señalando que "ofenden, atacan y destruyen a la familia", "que son peligrosos" y que "son un problema social que hay que atacar", entre otras expresiones (Indignación página electrónica 23 de mayo de 2008).

Asociación Civil Vivir con Dignidad. También en 1993 se funda la asociación civil "Vivir con Dignidad", que funcionó en un local de la calle 68 por 55 Centro, presidido por Juan Pablo de Jesús Mendoza Milán, y como secretario José Manuel Polanco Reyes, y tesorero José Luis Heredia Nicolin. Asimismo, participaban en la agrupación Jorge Alberto Solís Benavides, José Luis Matú León, Jorge Iván Aguilar Aguilar y Alberto Torres Nieto.

En el acta constitutiva se señala que "Vivir con Dignidad" AC es una institución humanitaria, altruista y benéfica. Es un Organismo No Gubernamental que brinda apoyo y servicios para las personas que viven con el VIH y afectados por el Síndrome de Inmunodeficiencia Adquirida (Sida) en el estado de Yucatán.

Realizaban visitas a hospitales, clínicas y consultorios para invitar a las personas seropositivas a que acudan a las reuniones y reciban beneficios de sus programas. Esta agrupación funcionó por cinco años hasta su disolución en 1999.

Comisión de Derechos Humanos del Estado de Yucatán (CODHEY). Muchos activistas celebraron la creación de la Comisión de Derechos Humanos de Yucatán, porque se vio como una instancia a la cual acudir si una persona se sentía afectada en sus derechos por acción de los servidores públicos.

En enero de 1993, la gobernadora del Estado, Dulce María Sauri Riancho, publica el Decreto de Ley por la que se crea la Comisión de Derechos Humanos del Estado de Yucatán (CODHEY).

El Artículo 1 del Decreto señala que se crea "la Comisión de Derechos Humanos del Estado de Yucatán, como un órgano dotado de plena autonomía, que tendrá a su cargo la defensa y vigilancia de los Derechos Humanos en la Entidad".

"Por Derechos Humanos se entiende a aquellos inherentes a la naturaleza humana; se encuentran precisados en la Constitución Política de los Estados Unidos Mexicanos, como garantías individuales y sociales, reflejadas igualmente en la Constitución Política del Estado de Yucatán, así como las pactadas en las convenciones y tratados internacionales suscritos por nuestro país".

En el apartado de Transitorios, se establece que "el presente Decreto entrará en vigor al día siguiente de su publicación en el Diario Oficial del Gobierno del Estado. Y por tanto mando se imprima, publique y circule para su conocimiento y debido cumplimiento". Dado en la sede del Poder Ejecutivo, en la ciudad de Mérida, Yucatán, Estados Unidos Mexicanos, a los veintisiete días del mes de enero del año de mil novecientos noventa y tres. Lic. Dulce María Sauri Riancho. El Secretario General de Gobierno, Abog. Orlando Paredes Lara.

Neifa's Uotoch (La Casa de la Neifa). A principios de los años 90 las dos discos gay que funcionaban en la calle 60 por Santa Lucía, se cerraron y fueron reubicadas en las afueras de la ciudad. Algunas discos y centros de reunión intentaron mantenerse ofreciendo el servicio de diversión y esparcimiento, sin embargo, por diversas razones eran cerradas por sus propietarios, y a lo largo de los 90 la única disco gay que funcionó en Mérida fue "Kabukis".

En marzo de 1991 se dio a conocer que la alcaldesa Ana Rosa Payán Cervera, puso en marcha una campaña para la censura de espectáculos. Se mencionó que la funcionaria ejerció la censura por razones religiosas, y con el apoyo que recibió del clero, de grupos conservadores y del *Diario de Yucatán* (Edgar González Ruiz. "Ana Rosa Payán: Reaccionaria y víctima de su propio partido". Periódico virtual *Contra la Derecha*, 20 de enero de 2007, consultado en agosto de 2013).

A partir del primer gobierno municipal de Ana Rosa Payán Cervera, todas las administraciones municipales fueron panistas, hasta 2010, cuando obtuvo la alcaldía la priísta Angélica Araujo Lara, para posteriormente en 2012, nuevamente volviera el PAN al Ayuntamiento de Mérida, con la elección de Renán Barrera Concha.

En el contexto panista de finales de los años 90, y con las discos gay en las afueras de la ciudad, se funda en 1998, por el rumbo de San Cristóbal, cerca de la base de Bomberos, el "Centro Cultural Gay Neifa's Uotoch" (Casa de la Neifa). La intención era ofrecer, en un rumbo céntrico e iluminado, un sitio de reunión y esparcimiento para los jóvenes gays. Muchos de los miembros de estos colectivos, hombres gays y mujeres lesbianas, habían manifestado su inconformidad por la lejanía de las discos gays, y el gran gasto que les significaba los taxis de ida y vuelta, entrada a las discos y sus consumos, por lo que demandaban un lugar céntrico. Además que las discos estuvieran en las afueras de la ciudad ponía riesgos a los clientes de ser asaltados a la salida, ya que en esos sitios no llegaban los vehículos de alquiler y los parroquianos tenían que caminar hasta el periférico para tomar un taxi.

En el Centro Cultural "Casa de la Neifa" se ofrecían eventos de acuerdo con el calendario cívico y tradicional, como el Día de la Independencia, la Revolución, el Hanal Pixán, Carnaval, Navidad y Año Nuevo. Las actividades se llevaban a cabo todos los días excepto los martes, que permanecía cerrado. Todos los días se ofrecía una película que ya había sido presentada en la cartelera de los cines de Mérida, y en los volantes que se distribuían, se invitaba "a disfrutarlas nuevamente en el ambiente apacible y discreto de la Casa de la Neifa".

En este sitio no se vendían bebidas alcohólicas, pero no se prohibía consumirlas, por lo que los asistentes llevaban sus bebidas, mayormente compradas en un expendio clandestino del rumbo. Algunas personas llevaban sus películas "pornos de hombre con hombre", para verlas mientras departían sus bebidas con sus invitados, después de que terminaba la función de la película programada y la breve semblanza de la temática abordada, que por lo general la hacía alguno de los asistentes a invitación de los promotores de este espacio cultural.

Este espacio no duró mucho. Los vecinos, según se nos informó, iniciaron una recolecta de firmas para presentar una queja en el Ayuntamiento, y solicitar que este lugar sea cerrado. De acuerdo a los comentarios de los informantes, las quejas eran contra el escándalo que hacían los jóvenes a las puertas del local a altas horas de la noche y madrugada, el ruido de las motos y bicicletas cuando se retiraban, además del desacuerdo del vecindario que presenciaba la llegada por las noches a partir de las 9:00 pm de personas y grupos transgénero, travestis y gays que asistían con frecuencia al centro de reunión. El lugar se cerró por el riesgo que significaba para los promotores, ya que en ese entonces la multa por clandestinaje era de unos 40 mil pesos. Aunque no se vendía alcohol se permitía su consumo, y la autoridad municipal podía ser intransigente, sobre todo tratándose de personas de la comunidad lésbico-gay.

Los Derechos Humanos

Buenas Intenciones AC. En noviembre del año 2000, aparece en la prensa la fundación de la Asociación Civil Buenas Intenciones, cuyos miembros llevaron a cabo actividades de difusión y sensibilización contra la homofobia, hasta que en 2009 la mayoría de sus integrantes deciden separarse de esta AC y formar una nueva agrupación con el nombre de "Círculo Cultural de la Diversidad Ricardo Zimbrón Levy" AC. El Grupo "Buenas Intenciones" se integró con entusiastas activistas, y en la nota publicada en el *Diario del Sureste* del domingo 26 de noviembre de 2000, se da a conocer lo siguiente:

"Buenas Intenciones" en Pro de los homosexuales. Con la misión de orientar a personas de preferencia homosexual en su proceso de aceptación, se integró la agrupación "Buenas Intenciones", con el lema de Autoaceptación y Realización personal, dieron a conocer sus fundadores, Douglas Canul Rodríguez y Carlos Herrera Méndez. Los especialistas informaron que el grupo nació hace dos meses y en estos momentos lo conforman 15 personas.

Nuestra organización, dijeron sus dirigentes, sostiene la filosofía de que "a través de un respaldo científico y vivencial en las áreas de orientación sobre diversidad sexual, una entrega personal, sincera y desinteresada, honesta y responsable orientar y acompañar a personas en el proceso de aceptación de su orientación sexual".

Para poder ingresar al grupo se requiere ser mayor de edad y ser incluyente, es decir, aceptar a los demás sin importar su preferencia sexual. En "Buenas Intenciones" podrán convivir y establecer relaciones respetuosas de amistad lo mismo los homosexuales, que los heterosexuales y los bisexuales, hombres y mujeres.

Un aspecto muy importante es que los servicios que otorgará el grupo son gratuitos, no lucrativos. Por ahora dijo "Buenas

Intenciones" no tiene oficinas propias, pues está funcionando en el edificio de "Vivir con Dignidad" en la calle 68, entre 55 y 57, centro de la ciudad". (José Castro Estrada. Buscan romper prejuicios sociales. "Buenas Intenciones" en Pro de los homosexuales. *Diario del Sureste*, domingo 26 de noviembre de 2000)

Se dio a conocer en 2013, que Buenas Intenciones AC continúa funcionando, apoyando campañas de difusión contra la homofobia. Su presidente Dr. Douglas Canul Rodríguez, está en la relación de integrantes de la Comisión Municipal contra la Discriminación que se instaló en 2013.

Los gays ante el Congreso del Estado. En el año 2001, la diputada panista Beatriz Zavala Peniche, presidenta de la Comisión de Derechos Humanos del Congreso del Estado de Yucatán, convocó a la sociedad civil, para que presentaran propuestas para la actualización y mejoramiento de la legislación en materia de Derechos Humanos. En este evento tuvieron destacada participación, por primera ocasión, desde la integración de la Comisión de Derechos Humanos del Estado de Yucatán, las agrupaciones representantes de los colectivos LGBTTT en la ciudad de Mérida. A continuación un fragmento de la publicación aparecida en Periódico *Por Esto!*, el martes 25 de septiembre de 2001.

"Toman la palabra a la panista Zavala Peniche. Comunidad gay hace diversos planteamientos. La comunidad gay en Yucatán le tomó la palabra a la presidenta de la Comisión de Derechos Humanos del Congreso, la panista Beatriz Zavala Peniche, y de cara a la sociedad hizo interesantes planteamientos que dejan al descubierto la discriminación de que son objeto los homosexuales y las lesbianas en la Entidad.

El antropólogo Germán Pasos Tzec, del Club Cultural Gay No Lucrativo "La Casa de la Neifa" y Douglas Canul Rodríguez del Grupo "Buenas Intenciones" AC, se encargaron de plantear en tan sólo 10 minutos —cada ponente contó con un máximo de cinco—, aspectos que hasta hoy no han sido tomados en cuenta por las autoridades estatales.

El primero pidió apoyar a los grupos gays integrados en asociaciones civiles y en sus iniciativas ante los tres niveles de gobierno, federal, estatal y municipal, para la gestión de recursos destinados a programas dirigidos a los homosexuales y que se vigile que en los programas de televisión y cintas cinematográficas no se ridiculice y se distorsione la expresión homosexual.

—Hace unas pocas semanas se dio a conocer que fueron sentenciados dos asesinos hallados culpables de la muerte de cinco homosexuales aquí en Mérida, la añorada ciudad blanca y pacífica. Sin embargo, los únicos que ofrecieron información, desde luego policiaca, fueron las autoridades judiciales.

—Así es, nadie o casi nadie se atreve a emitir ni la más mínima consideración acerca del odio hacia los homosexuales en nuestro medio. Esos homicidios se suman a una larga lista de muchos otros sin aclarar. Pero después de aclarados cinco asesinatos más y saber que victimarios y víctimas están envueltos en la homosexualidad, pocos han deseado asomarse a esa realidad. ¿Ignorancia? ¿Incompetencia? ¿Temor?

Por su parte Canul Rodríguez exigió que la Comisión que preside Zavala Peniche incluya una mesa especial para la atención a la violación de los derechos de los grupos vulnerables, incluyendo a quienes tienen una orientación sexual diferente a la heterosexual.

—En su posición de máxima tribuna legislativa en nuestra sociedad les solicitamos de manera explícita y formal su compromiso de garantizar y salvaguardar los Derechos Humanos de todos los ciudadanos y ciudadanas, sin distinción de género ni orientación sexual.

—Nuestra sociedad aún se debate en la lucha por el respeto a los derechos de las mujeres, niños de la calle, violencia intrafamiliar, acoso laboral y otras múltiples formas de discriminación. La forma en que se sufre la discriminación por motivos de raza, sexo, religión o discapacidad varía de forma considerable, existen diferencias dentro de la diferencia.

El foro. En total se registraron 43 ponencias y participaron diferentes sectores de la sociedad: desde partidos políticos hasta agrupaciones de profesionales. Entre los participantes figuraron la Coparmex-Mérida, el Colegio de Notarios, el grupo Indignación, Cáritas de Yucatán, Frente Cívico Familiar, Instituto de la Mujer Yucateca, Frente Ciudadano de Valladolid, Centro de Enseñanza Superior de la escuela Modelo, Academia de Licenciados en Derecho de Yucatán AC, Universidad Pedagógica Nacional, PAN, Federación de Asociaciones de Jubilados y pensionados de Yucatán AC, Instituto Nacional Indigenista" (Víctor René Pat Braga. "Toman la palabra a la panista Zavala Peniche. Comunidad gay hace diversos planteamientos", *Por Esto!*, martes 25 de septiembre de 2001).

Poco interés de la sociedad por el VIH-Sida. En 2001, en atención a la necesidad de información sobre los avances en el tratamiento de los pacientes con VIH-Sida, y las medidas de prevención que se habían difundido ente la elevada incidencia de casos en Yucatán, se llevó a cabo el Primer Curso Taller Regional de Actualización en VIH-Sida para Trabajadores de Salud, promovido por el Grupo Multisectorial Ciudadano, en un evento abierto para las agrupaciones civiles, pero esta actividad no logró el interés esperado lo que se reflejó en la escasa asistencia, lo que se dio a conocer en una publicación del periódico *Mundo al Día*, el martes 2 de octubre de 2001, en su Sección Especial VIH. El comunicado dice lo siguiente:

"Nula participación de la sociedad. La organizadora del Primer Curso taller Regional de Actualización en VIH-Sida para Trabajadores de Salud y presidenta del Grupo Multisectorial Ciudadano, Dra. Ligia Vera Gamboa, se mostró desilusionada por la pobre participación de la sociedad civil en el evento.

Primero se quejan de que no hay suficiente difusión del tema del sida, además muchos grupos, como sociedades de padres de familia, de maestros, etc., habían expresado su demanda de un foro donde se pueda discutir el tema y ¿dónde están?, declaró sin ocultar su molestia.

Ante esta situación, entregó a los representantes de los medios de comunicación un escrito titulado "La lucha contra el Sida a mí me importa ¿y a ti?, en donde declara que pese al apoyo que recibió por parte de las instituciones gubernamentales estatales y organizaciones civiles que luchan en contra del Sida para la organización del evento, fue muy pobre la respuesta que obtuvo. (Anónimo. Nula participación de la sociedad, *El Mundo al Día*, martes 2 de octubre de 2001, Sección Especial VIH).

Este mismo escaso interés hacia esta problemática se registró en 1994, en pleno incremento de los casos de muertes por VIH-Sida en Yucatán, cuando se organizó un foro de discusión en el Teatro Felipe Carrillo Puerto de la Universidad Autónoma de Yucatán. En este evento estuvieron como panelistas destacados investigadores de la localidad, entre ellos: el Dr. Renán Góngora Bianchi, el Psic. Xavier Urquiaga Blanco, Antrop. Iván Franco Cáceres y el Lic. Javier Otero Rejón. La nota periodística que dio a conocer los planteamientos de los especialistas, apareció en periódico *Por Esto!*, el viernes 15 de julio de 1994. Aquí el extracto que menciona la escasa asistencia al evento.

"Para hablar sobre el tema del Sida, sus causas e incidencia, se congregaron en el Teatro "Felipe Carrillo Puerto" la noche del miércoles, los destacados especialistas. A pesar de su participación, la UADY no convocó al público deseable, ya que partiendo de que esta "Mesa Panel" se invitó con anticipación necesaria para congregar a un público considerable cuantitativa y cualitativamente hablando, y que se imprimieron y repartieron invitaciones y la prensa boletinó con tiempo la convocatoria, no asistieron más de 50 personas al evento, incluyendo a las amistades y conocidos de los ponentes..." (Eugenia Montalván Colón. "Ni quién los vea. Entre santos y castos". *Por Esto!*, viernes 15 de julio de 1994 Sección Cultura).

La misma escasa participación fue notoria en el año 2004 en el curso taller "Autoestima y hombres que tienen sexo con hombres", que se impartió los días 16, 17 y 18 del mes de julio de ese año, por los Servicios de Salud de Yucatán dentro de su Programa de Prevención y Control del VIH-Sida e ITS, dirigido a "los varones mayores de 18 años de edad que tienen sexo con otros hombres y deseen hacer una revisión vivencial de la construcción de su autoestima y su sexualidad", según mencionaba el cartel del evento.

Este curso fue impartido por los facilitadores Dr. Carlos René González Álvarez y Dr. David José Gáber Osorno, y se desarrolló en horario de 4:00 a 8:00 pm, el Salón VIP de la Discoteca Free Way, que funcionaba en un local ubicado bajando el puente de Periférico carretera a Umán.

Activismo a favor de enfermos de VIH. En agosto de 2002, se registra una de las primeras y relevantes movilizaciones que llevaron a cabo las agrupaciones que trabajaban con pacientes de VIH-Sida, fue la exigencia a las autoridades de salud, tanto estatales y federales, así como al presidente de la República Vicente Fox, que no se suspendieran los tratamientos a los enfermos de esta pandemia y que buscaran los recursos de donde sea necesario para garantizar la indispensable continuidad del tratamiento, y evitar una muerte segura a estos enfermos.

Las circulares, firmadas por representantes de nueve agrupaciones, se enviaron principalmente al Dr. José Pereira Carcaño, Secretario de Salud y Director de los Servicios de Salud de Yucatán; al C. Vicente Fox Quesada, Presidente Constitucional de los Estados Unidos Mexicanos; y al Congreso del Estado de Yucatán.

Este oficio tiene fecha del 20 de agosto de 2002, y está firmado por la Dra. Ligia Vera Gamboa, secretaria técnica del Grupo Multisectorial Ciudadano en VIH-Sida; P. Raúl H. Lugo Rodríguez, Indignación Promoción y Defensa de los Derechos Humanos AC; CP José Demetrio Burgos Domínguez, Frente Nacional de Personas Afectadas por el VIH-Sida AC; C. Carlos Méndez Benavides, presidente del Oasis de san Juan de Dios AC; C. Sandy Omar Molina Canul, Asociación Vivir con Dignidad AC; Dr. Alejandro Guerrero Flores, Grupo de Estudios e Investigación en VIH-Sida del Sureste; C. Gaspar Humberto Negrón Mena, Mundo de las Piñatas SC; Profa. Gloria Irigoyen, Patronato Vida Humana Integral AC; Dr. Douglas Canul Rodríguez, Buenas Intenciones AC.

Con copias para: Dr. Hugo Ríos, delegado estatal del IMSS; Dra. Patricia Uribe, directora del CENSIDA; Dr. Julio Frenk, Secretario de Salud; Dr. Santiago Levy, director general del IMSS; Comisión de Derechos Humanos del H. Congreso del Estado de Yucatán. Todos los citados son para conocimiento y efectos legales (Exhorto al Sector Salud, 20 de agosto de 2002).

La homosexualidad y el Instituto para la Equidad de Género de Yucatán (IEGY). En el año de 2002, el gobierno de Patricio Patrón Laviada emite el Decreto de Ley por el cual se crea el Instituto para la Equidad de Yucatán (IEGY), que sustituyó al entonces Instituto Estatal de la Mujer. En este marco las agrupaciones ciudadanas que entre sus objetivos estaba la defensa de los derechos humanos de las personas no heterosexuales, se plantearon expectativas en el sentido de que al modificar el concepto de "mujer" al de "género" el campo de acción de esta dependencia se ampliaba y se esperaba que iniciara un programa específico para la promoción de la equidad de las diversas expresiones genéricas.

La primera directora del Instituto para la Equidad de Género fue la Mtra. Milagros Herrera Buchanan, quien integró un Consejo Ciudadano para el Instituto en el que participaron representantes de diversas agrupaciones de defensa de la mujer y de los derechos humanos. Entre éstos se invitó a una agrupación dedicada a la promoción y difusión de información científica sobre las expresiones lésbico-gay, pero ninguna de sus actividades fueron promovidas por el IEGY.

Durante el gobierno de Ivonne Ortega Pacheco, fue invitada para ser directora del IEGY la investigadora universitaria Mtra. Georgina Rosado Rosado, quien al frente de la Institución promovió la cobertura de enlaces en los municipios de Yucatán, y un programa de publicaciones de importantes estudios sobre el género.

Abrió una convocatoria de participación de Asociaciones Civiles para la difusión de la nueva perspectiva del género en las dependencias del servicio público. Dos asociaciones, primero Buenas Intenciones AC y luego Círculo Cultural de la Diversidad "Ricardo Zimbrón Levy", trabajaron por tres años (2008-2010) en un proyecto de talleres teórico-vivenciales para difundir los conceptos de las diversidades de género, especialmente el abanico lésbico-gay-bisexual-travesti-transexual y transgénero (LGBTTT). Más abajo vuelvo sobre este punto.

En el gobierno actual del Lic. Rolando Zapata Bello, periodo 2012-2018, fue designada la C. Rosario Cetina Amaya, como directora del IEGY, y dentro de los programas que maneja el Instituto no se encuentra ninguno para la atención de la diversidad de género.

Primera Marcha del Orgullo Gay. En junio de 2003 se llevó a cabo la Primera Marcha del Orgullo LGBTTT en Mérida, apoyada y patrocinada por más de diez Asociaciones Civiles, y organizada por el activista Mammie Blue.

En 2006, días antes de llevarse a cabo la IV Marcha del Orgullo, la mayoría de las Asociaciones que la habían apoyado se desligaron del evento, informando que la Marcha había perdido el objetivo por el que se había iniciado y que se reducía a la promoción empresarial y en decisiones unipersonales. Esto lo dieron a conocer a través del correo electrónico.

En 2009 en la VII Marcha del Orgullo, llevada a cabo el sábado 27 de junio de ese año, Mammie Blue manifestó que muchas personas la acusaron de que se haya adueñado de la Marcha, y dijo que no era posible que se adueñara de algo de lo que es propietario. También invitó a las personas participantes en la Marcha a firmar unos formatos que se distribuyeron para que se apruebe las "Sociedades de Convivencia". La gobernadora bajó de sus oficinas de Palacio de Gobierno para esperar que pase la columna, y saludo y besó a los organizadores de la Marcha.

En 2009, 2010 y 2011, la Marcha del Orgullo, deslució por la escasa participación de manifestantes. Puede decirse que el reducido número de participantes en esos años reflejó la división y el conflicto de intereses que existe al interior de los colectivos LGBTTT de Yucatán. La Marcha del Orgullo que inició con una aparente unidad de las más combativas agrupaciones civiles, mostró que todavía falta un gran trecho que caminar para la unificación de un movimiento más general e incluyente.

En 2012 algunas agrupaciones desligadas de la Marcha del Orgullo, organizaban una Marcha alterna con otro derrotero, llamada "La Marcha del Adiós", significando su separación definitiva de la Marcha encabezada por Mammie Blue. En el mes de mayo del ese año de 2012, fallece repentinamente Mammie Blue, y la Marcha del Orgullo es retomada por los organizadores de la Marcha del Adiós, en vista de que no se harían dos marchas.

En 2013, la Marcha del Orgullo volvió a mostrar su poder de convocatoria, y se caracterizó por no presentar a ningún funcionario del gobierno en la tarima que se instala en la Plaza Grande. También volvieron a participar algunas de las Asociaciones Civiles que se habían desligado, y se unieron unas nuevas entre las que está la Asociación Civil "LesVisibles", que participó por primera vez en el desfile y tuvo una notable presencia en la XI Marcha del Orgullo LGBTTT 2013 de Mérida.

En el capítulo 4 se encuentra una síntesis cronológica de las Marchas del Orgullo LGBTTT de Mérida, su contexto sociopolítico y las características de la llevada a cabo en 2014, la más reciente que se incluye en esta crónica.

La utopía del respeto a los Derechos Humanos. En el año de 2004, los sábados 25 de septiembre, y 2 y 9 de octubre, el Grupo "Indignación" AC, llevó a cabo el Coloquio "Derechos Humanos y Periodismo", en el que participaron destacados investigadores sociales y activistas de Derechos Humanos. En este evento se incluía las temáticas del VIH-Sida y la diversidad sexual y su tratamiento por los medios masivos de difusión.

El programa que se distribuyó daba a conocer lo siguiente: Coloquio Derechos Humanos y Periodismo, titulado "La utopía del respeto a los Derechos Humanos". Indignación propone un espacio de diálogo para analizar el periodismo desde la utopía del respeto a los derechos humanos. Dirigido a: periodistas, estudiantes de comunicación y personas interesadas en el tema.

En este Coloquio estuvieron como ponentes el investigador universitario Esteban Krotz de la UADY; Carlos Méndez Benavides, del Oasis San Juan de Dios; Raúl Lugo Rodríguez, de "Indignación" AC. Estos expositores señalaron que los medios de comunicación han hecho visible la enfermedad, pero hace falta visibilizar la discriminación.

Carlos Méndez Benavides reveló que en Yucatán se registraban antes cuatro casos de VIH mensualmente y que ahora en 2004, se registran 19 infectados al mes. También mencionó que los medicamentos para los enfermos son caros, el tratamiento para una persona alcanzaba los 50 mil pesos al mes.

Martha Capetillo Pasos de "Indignación, y Pedro Uc Be y Baltazar Xool May se refirieron a la agenda de la sociedad civil sobre movimiento indígena y periodismo. María Herrera Páramo y Nancy Walker Olvera de "Indignación", disertaron sobre derechos humanos, género y periodismo.

Primera Jornada Estatal contra la Homofobia Yucatán 2006. La Asociación Civil "Buenas Intenciones" llevó a cabo esta Jornada el 20 de mayo del año de 2006. Cabe destacar que los logos que aparecen como membretes del evento son los siguientes: Buenas Intenciones AC, UNASSE, Conapred, Comisión Nacional de Derechos Humanos, Comisión Estatal de Derechos Humanos (Codhey), IMSS, SSY, INJUVY, y PSI de México.

El lema de la Jornada fue "La homosexualidad no es un problema, la homofobia sí". Asistió el Lic. Arturo Díaz Betancourd, de la Comisión Nacional para Prevenir la Discriminación (Conapred); Lic. Sergio Salazar Vadillo, presidente de la Comisión de Derechos Humanos de Yucatán; Dr. Douglas Canul Rodríguez, presidente de Buenas Intenciones AC; Dra. Sandra Peniche Quintal, de UNASSE AC; Dr. Andrés Ley Chi, coordinador estatal del Programa IMSS Oportunidades; Lic. Alberto Aguilar Márquez, de la Comisión Nacional de Derechos Humanos.

El Lic. Arturo Díaz Betancourt, presentó la ponencia "Discriminación y Homofobia", señalando el surgimiento del Día contra la Homofobia, y desarrolló los nuevos conceptos del lenguaje sexo-político relacionado con la construcción de los derechos humanos. Expuso los conceptos: homofobia, orientación sexual, preferencia sexual, identidad de género y la diversidad genérica.

Aclaró que los asesinatos por homofobia son ejecuciones extrajudiciales y ejecuciones de la sociedad, pues es la sociedad la que los legitima y el estado los tolera. Las ejecuciones homofóbicas se caracterizan por descuartizamiento de genitales, cuerpo, apuñalamiento, balazos en la nuca repetidamente, enterramientos vivos, uso de pintura rosa, asfixia, y todo esto es legitimado por la sociedad. En muchas ocasiones son asesinatos por sus compañeros de escuela. Otra característica es la saña con la cual se asesina para exterminar, acabar, desaparecer al homosexual o la lesbiana.

El Lic. Alberto Aguilar Márquez de la Comisión Nacional de Derechos Humanos, presentó la ponencia "Discriminación y Derechos Humanos en la diversidad sexual", en la que expuso que el Artículo 1 de la Declaración Universal de los Derechos Humanos reconoce la diversidad humana y reconoce que todos somos iguales en derechos.

Entre los derechos humanos está el que se respete nuestra preferencia u orientación sexual, para tener las mismas oportunidades de desarrollo. La Ley Federal para Prevenir la Discriminación se crea para dar cabal cumplimiento a la declaración Universal de los Derechos Humanos.

El Dr. Douglas Canul presentó un panorama del origen y contexto de la discriminación, prejuicios, estereotipos, intolerancia y mostró el Catálogo de Enfermedades, donde se establece que la homosexualidad no es una enfermedad. Como parte de su material de apoyo presentó notas periodísticas que muestran la homofobia en los medios de comunicación, así como se presentan las notas que invisibilizan los crímenes de odio por homofobia. Planteó la necesidad de que toda la sociedad se sume para acabar con el clima de homofobia.

La Dra. Mónica Portillo Gregorio, del IMSS, inició su intervención con una dinámica de aplausos y abrazos entre los asistentes para "despertar" a la audiencia. Expuso que la homofobia institucional es la discriminación hacia las personas no heterosexuales dentro de las instituciones tanto públicas como privadas dando como resultado la desigualdad, la violencia, el escarnio público.

La Dra. Sandra Peniche Quintal y Consuelo Ramírez Vázquez, de UNASSE, presentaron la ponencia "Homofobia pública y privada", en la que expusieron los distintos tipos de discriminación y homofobia que existen dentro de la familia tanto nuclear como extensa y cómo los esquemas rígidos de género limitan a las personas, restándoles oportunidades de desarrollo, mencionando las violaciones de derechos humanos de los niños afeminados y niñas masculinas en las escuelas. La Dra. Sandra Peniche reveló la homofobia en la Facultad de Enfermería de la UADY contra una chica lesbiana.

El Abog. Sergio Salazar Vadillo dijo que la homofobia es un miedo y un odio. Los homofóbicos temen que la naturaleza se contamine por la conducta homosexual. El alma humana tiene un lado que permite materializar afectos, es decir, arte, alegría o amor, pero también tiene otra que es obscura y se llama intolerancia, la que desemboca en violencia, y por eso el ser humano teme y odia.

La segunda parte de la Jornada consistió en las siguientes ponencias libres: Jesús Rivas Lugo, estudiante de Antropología abordó el tema del suicidio; Germán Pasos Tzec, del Círculo Cultural Gay "Ricardo Zimbrón Levy", propuso que los yucatecos gays destacados se involucren en las campañas contra la homofobia, no sólo los artistas, bailarines, estilistas y comediantes, sino también y más urgentemente los servidores públicos, empresarios, políticos, académicos y científicos sobresalientes, que salgan del clóset, del temor a la homosexualidad.

El C. Miguel Alonzo Ojeda planteó la deficiente procuración de justicia para las personas con preferencias sexuales diferentes a la heterosexual. Las autoridades ministeriales no atienden adecuadamente a los gays que acuden a levantar denuncias por robos, agresiones físicas y morales.

El C. Rodrigo A. Pérez Reyes habló de la discriminación hacia las personas que desean donar sangre y del acoso policiaco.

El C. Eliseo E. Rodríguez Gamboa, abordó el tema de la falta de lugares seguros y dignos para las personas con preferencia sexual diversa. Dijo que no hay ningún espacio institucional explícitamente dirigido a los jóvenes gays para el esparcimiento, la diversión, ligue intercambio cultural.

El C. Franz Arzaméndez habló de la prostitución, considerando que el sexoservicio se considera socialmente indigno para toda persona; el sexoservicio es necesario, útil y requerido; la represión policiaca ha aumentado contra los sexoservidores gays; y no que existen verdaderas oportunidades de empleo y salario dignos para los jóvenes.

El C. José Ricardo Maldonado Arroyo tocó el tema de la homofobia institucional, mencionando la homofobia en la Iglesia Católica. El papel que ha desempeñado la Iglesia Católica en la construcción del discurso moral que ha orillado a varios de sus feligreses de orientación no heterosexual a vivir conflictos espirituales.

Asistieron a la Primera Jornada, 150 personas; se repartieron 200 ejemplares de la Ley Federal para Prevenir y Erradicar la Discriminación (Conapred); se distribuyeron 100 pulsos de compromiso de la Campaña "ProTGT el Sida no duerme" de la SSY; se repartieron 50 Manuales de la Conapred. Se anunció que las instituciones convocantes llevarán a cabo la Segunda Jornada contra la Homofobia en mayo de 2007, para la evaluación de los avances en materia de no discriminación y combate a la homofobia en Yucatán.

Amnistía Internacional organiza en Mérida un Foro de Diversidad Sexual. En enero del año de 2007, el Grupo 23 Mérida, Yucatán, de la Sección Mexicana de Amnistía Internacional, organizó el Foro de Diversidad Sexual titulado

"Aproximaciones teóricas y a la organización civil del colectivo gay", que se llevó a cabo en el salón de usos múltiples de la Unidad de Ciencias Sociales del Centro de Investigaciones Regionales "Dr. Hideyo Noguchi" de la Universidad Autónoma de Yucatán (UADY).

En este evento participaron principalmente estudiantes y activistas del colectivo LGBTTT de la ciudad de Mérida. Se distribuyó un programa y una lista de participantes. En el volante de invitación aparecen como organizadores el Grupo 44 LGBT, coordinador Manuel Herrera Loayza y el Grupo 23 Mérida de Amnistía Internacional. Los ponentes de este foro recibieron una carta de agradecimiento fechada el 18 de enero de 2007, y firmada por la Licda. Zoila M. Jiménez Pacheco, coordinadora del Grupo 23 de Amnistía Internacional.

Campaña "¡Reacciona! Con la homofobia todos perdemos". En mayo de 2007, el Gobierno del Estado, a través de los Servicios de Salud de Yucatán (SSY), presentó la campaña contra la homofobia "¡Reacciona! Con la homofobia todos perdemos". La presentación fue encabezada por el Dip. David Sánchez Camacho, de la fracción del PRD, secretario de la Comisión de Atención a Grupos Vulnerables de la Cámara de Diputados del Congreso de la Unión; Lic. Jorge Victoria Maldonado, presidente de la Comisión de Derechos Humanos del Estado de Yucatán (CODHEY); Dr. Salvador Gómez Carro, subdirector de Salud Pública de los Servicios de Salud de Yucatán; Lic. Luis Manuel Arellano Delgado, jefe del Departamento de Orientación Comunitaria del Centro Nacional para la Prevención y Control del VIH-Sida e ITS (CENSIDA); Mtro. Alejandro Becerra Gelover, director de Vinculación y Programas Educativos del Consejo Nacional para Prevenir la Discriminación (CONAPRED).

El Dr. Salvador Gómez Carro, subdirector de Salud Pública de los SSY, dio a conocer que en el marco de la Campaña Mundial contra el Sida establecida por ONU-Sida Capítulo

México 2005-2006, en conmemoración de celebrar el 17 de mayo como Día Nacional de Lucha contra la Homofobia, el Gobierno del Estado a través de los Servicios de Salud de Yucatán diseñaron la Campaña "¡Reacciona! Con la homofobia todos perdemos".

Dijo que el objetivo de la campaña es sensibilizar a la población sobre los efectos sociales, familiares e individuales de la homofobia, ligados al estigma y discriminación, con el propósito de contribuir a una convivencia e igualdad de las personas, especialmente en el derecho del acceso a la atención a la salud y a los beneficios de la prevención del VIH-Sida y de otras infecciones de transmisión sexual.

El Lic. Luis Manuel Arellano Delgado, jefe del Departamento de Orientación Comunitaria del Centro Nacional para la Prevención y Control del VIH-Sida e ITS (CENSIDA), dio a conocer que los casos acumulados de VIH-Sida reportados hasta noviembre de 2006 en Yucatán eran 2,589, ubicando al Estado en el lugar 14 de 32, donde los primeros lugares correspondían al DF con 20,398 casos y el Estado de México con 11,319 casos.

Dijo que el lanzamiento de la Campaña contra la Homofobia en México se hizo en conjunto con el Consejo Nacional para Prevenir la Discriminación (CONAPRED), en las instalaciones de la ONU y con el respaldo de todas las agencias internacionales que participan en el Grupo Temático de ONU-Sida y con un muy amplio apoyo de organizaciones de la sociedad civil.

Señaló que se requiere que todos los programas de Sida incluyan el combate a la homofobia como uno de los elementos cruciales en la lucha contra esta epidemia, al igual que la "Violencia de género" se está incluyendo en todos los programas nacionales de salud reproductiva o de salud de la mujer.

Periódico *De Peso* es discriminatorio: CONAPRED. Fechado el 3 de mayo de 2007, el C. José López Villegas, Director

General Adjunto de Estudios, Legislación y Políticas Públicas, de la CONAPRED, envió un comunicado al C. Manuel Rodríguez Kantún, vicepresidente de la agrupación gay Buenas Intenciones AC, en relación a su denuncia por Discriminación contra el periódico *De Peso* de Mérida, Yucatán, en el que la CONAPRED resuelve que el mencionado periódico sí incurrió en prácticas discriminatorias. Se tiene noticia que en ese mismo año de 2007 un diputado del Distrito Federal, presentó denuncias similares contra los periódicos *Reforma* y *Metro*, ambos de la ciudad de México.

"Respecto de las frases y expresiones que dan sustento a la queja son las siguientes: "Indecisos, jotines de clóset y hasta lo más recalcitrantes machines y damitas de sociedad', "hay cada descarado que se pasa de loquita y que realmente ocasionan perjuicios sociales", "cualquier gente de costumbres raras encuentra chamba", "personas de costumbres raras", "puyuil", "puyules", "cancalás", "maricón", "mayate", "rarito", "marciano gay", "locochona", "puñalón" y ¡un auténtico put..!

El lenguaje seleccionado por el periódico *De Peso* para la expresión de las ideas, está cargado de estigmas que contribuyen a mantener las relaciones de dominación y marginación, anulando el reconocimiento de los derechos fundamentales de las personas por motivo de sus preferencias sexuales, lo que se traduce en un impedimento al acceso en igualdad real de oportunidades y de trato en nuestra sociedad.

La conducta de producción y reproducción de significados discriminatorios a las personas por su preferencia sexual, descrita con precisión en la norma, encuentra su significante en la homofobia, definida por la Real Academia Española como la "aversión obsesiva hacia las personas homosexuales".

Sin embargo, cuando los medios de comunicación son quienes contribuyen a la desinformación a través de la producción y reproducción de significados (mensajes e imágenes) discriminatorios, bajo cualquier pretexto, se propicia el estigma, y se fortalece y arraiga aún más la discriminación en la conciencia de las personas que, potencialmente, aceptan, asumen y reproducen prejuicios, y tiene por consecuencia la exclusión de aquellos con quienes conviven o se relacionan. Por tanto, las expresiones empleadas por el periódico *De Peso* resultan evidentemente lesivas a la dignidad de las personas con preferencias sexuales diversas, y como tal, a su derecho fundamental de su manifestación y ejercicio, atento a lo dispuesto por los artículos 1°, párrafo tercero, de la Constitución Política de los Estados Unidos Mexicanos, y 4 de la Ley Federal para Prevenir y Eliminar la Discriminación.

Por lo manifestado, es opinión de esta Dirección General Adjunta que las expresiones vertidas por el periódico De Peso, a que se refiere su oficio de antecedentes, por sus contenidos e intención, son sustancialmente discriminatorias, dado los argumentos asentados en el presente oficio.

Atentamente: José López Villegas. Director General Adjunto. C.c.p. Manuel Rodríguez Kantún, para su conocimiento. C.c.p. Archivo. Dante No 14, piso 10, Col Anzures. Delegación Miguel Hidalgo. México. D F Tel 5262 1490 ext. 1500".

Discriminan a gays en hotel de Telchac. Con el título "Joven Gay Empoderado igual a Prevención del VIH y Sida", se realizó en el Hotel Reff Club de Telchac, Yucatán, un taller de capacitación dirigido a jóvenes gays y transgénero de toda la península del 20 al 23 de septiembre del año de 2007, donde los asistentes fueron víctimas de discriminación por orientación sexual, por lo que presentaron una denuncia ante la Comisión Nacional para Prevenir y Erradicar la Discriminación (Conapred).

El taller fue organizado por el Centro Nacional para la Prevención y el Control del VIH/Sida (Censida), la Universidad Autónoma de Yucatán y la organización civil Buenas Intenciones, y contó con el respaldo del Programa IMSS-Oportunidades Yucatán, la Comisión de Derechos Humanos del Estado de Yucatán (CODHEY) y Letra S.

Durante el evento, celebrado en el mencionado Hotel Reef Club, se suscitó un acto discriminatorio cuando cuatro de los jóvenes arribaron vestidos como mujeres, hecho que provocó que personal del hotel les pidiera se "vistieran como hombres" para poder ingresar a las instalaciones. Esto se repitió cuando el grupo acudió a divertirse a la discoteca del hotel; ante la presencia de algunos jóvenes travestidos, se les recordó que no podían permanecer "vestidos así".

En entrevista para NotieSe, Arturo Alonso Avelar, gerente general del establecimiento, negó que hubiera discriminación. "No hay tal discriminación hacia los gays. Si tuviéramos un aspecto racial (sic) hacia los gays, sencillamente no entraría el grupo", expresó el gerente, quien argumentó que sólo se buscaba hacer respetar el reglamento interno del hotel. ¿Qué dice específicamente el reglamento?, inquirió esta agencia. "Dice que no se le permitirá la entrada al hotel a toda persona que afecte la integridad del hotel o la de los huéspedes", fue la respuesta.

Afirmó que, en caso de recibir una recomendación del Consejo Nacional para Prevenir la Discriminación (Conapred) "lo tomaría como eso, como una recomendación". Por último, exhortó a este medio a "no ver lo que no es, nunca hubo discriminación; si el hotel fuera homofóbico simplemente no entran los gays, este es el mejor ejemplo de que no hay ningún racismo (sic)". (Daniel Serrano de Regil. "Discriminan a gays en hotel de Yucatán", Página electrónica Agencia especializada de noticias "NotieSe" Salud, Sexualidad y Vida, 27 de septiembre de 2007).

Segunda Jornada Estatal "Juntos contra la Homofobia". Los días 11 y 12 de mayo de 2007, se llevó a cabo la Segunda Jornada Estatal "Juntos contra la Homofobia", organizada por la Asociación Civil "Buenas Intenciones", con la colaboración del Consejo Nacional para Prevenir y Erradicar la Discriminación (CONAPRED), Comisión Nacional de Derechos

Humanos (CNDH), Centro Nacional para la Prevención y Control del VIH-Sida, Comisión de Derechos Humanos del Estado de Yucatán (CODHEY), Secretaría de Salud de Yucatán (SSY), IMSS Oportunidades, Universidad Autónoma de Yucatán, Letra S Sida, Cultura y Vida AC.

Considerando que el 2007 fue un año electoral, los organizadores distribuyeron invitaciones a los candidatos a la gubernatura del Estado y a los funcionarios de las dependencias del sector Salud. Entre las invitaciones estaban las dirigidas al C. Patricio Patrón Laviada, Gobernador del Estado; Jorge Lizcano Esperón, candidato a gobernador por Alternativa Social Demócrata; Héctor Herrera Álvarez, candidato a gobernador por el PRD; Xavier Abreu Sierra, candidato a gobernador por el PAN; Ana Rosa Payán Cervera, candidata a gobernadora por el Partido Todos somos Yucatán; Ivonne Ortega Pacheco, candidata del PRI; Eusebio Jiménez Ríos director de Prevención y protección de la Salud de Yucatán.

La invitación, fechada el 26 de abril de 2007, exponía lo siguiente:

"La Segunda Jornada Estatal 'Juntos contra la Homofobia', se llevará a cabo los días 11 de mayo de 4:00 a 8:00 pm y el 12 de mayo de 9:00 am a 2:00 pm en el Auditorio del Edificio Central de la Universidad Autónoma de Yucatán (UADY), calle 60 por 57, Centro.

Como parte de las actividades realizadas a nivel nacional se celebra el 17 de mayo Día Nacional de la Lucha contra la Homofobia. Le recordamos que es de suma importancia su presencia o de un representante, reiterándole que este evento es de gran relevancia en el combate a la discriminación y la homofobia, de la misma manera en el fomento a una cultura de la tolerancia hacia las diferencias sexuales para un ambiente de armonía.

Justificación. Existen en Yucatán muchas expresiones de odio y temor irracional hacia los homosexuales. Se manifiestan en forma de estereotipos, prejuicios y estigmas que pueden finalizar en la violación de sus derechos humanos, llegando hasta el homicidio.

Los medios de comunicación escrita local, como el Periódico *De Peso* promueven la discriminación hacia las personas homosexuales por medio de palabras discriminatorias y de etiquetas y no hay forma de exigir a los propietarios que cambien su forma de informar y escribir en este rotativo.

El Reporte de Ejecuciones por Odio Homofóbico en 2004 reporta que Yucatán ocupa el cuarto lugar a nivel nacional en asesinatos a personas homosexuales, donde la mayor parte de los casos, las víctimas fueron asesinadas con extrema violencia y saña.

De igual forma nos encontramos con que las personas trans son rechazadas cuando solicitan empleo o son relegados a trabajos mal remunerados por su apariencia.

Debido al déficit de empleo en el estado, aunado a la discriminación por la condición sexual y de género, muchas personas homosexuales, trans, bisexuales, recurren al sexoservicio exponiéndose a maltratos y extorsión por parte de la policía.

Tenemos como meta involucrar a la sociedad civil y población en general para exigir la aprobación de la Ley Estatal contra la Discriminación, al Congreso del Estado de Yucatán. Sin más por el momento y en espera de su favorable respuesta quedo de usted como su más atento y seguro servidor: Manuel Rodríguez Kantún, coordinador de la Jornada Juntos contra la Homofobia".

REPAVIH acusa al IMSS de abuso sexual a pacientes con VIH-Sida. En junio de 2007 la Red de Persona Afectadas por el Virus de Inmunodeficiencia Humana (REPAVIH), y la Organización de Derechohabientes Viviendo con Sida del Seguro Social, representados por José Maldonado Arroyo y Pablo Alemán Góngora, dieron a conocer que la Jefatura de Servicios Jurídicos del IMSS, a cargo del Dr. Alejandro Castro

Cordero, procedió de manera unilateral, para encubrir la responsabilidad del Dr. Russel Rodríguez Sánchez, denunciado por abuso sexual por pacientes de VIH-Sida.

Dijo que en el caso de abuso sexual, como consta en el oficio 339001051100-DEY/1577, se llamó a declarar al residente Dr. José de Jesús Talpa Romero, pero nunca a los afectados ni a la enfermera.

Sostuvo que cuando es necesaria una revisión genital o proctológica debe realizarse en presencia de una enfermera o de un familiar del paciente, como señala la normatividad de los servicios de salud.

Afirmó que tampoco se consideraron los antecedentes del doctor acusado, y que el Dr. Javier Guevara Arenas, jefe de Prestaciones Médicas, declaró en rueda de prensa, que conocía de otro caso similar seis días antes de que se presentara un segundo caso.

Aclaró que ellos no buscan demeritar la labor de la institución, sino que únicamente persiguen el mejoramiento en la atención de estas personas a afecto de que se cuiden sus derechos como pacientes ("Responden las ONG: Mintió el IMSS". Rafael Gómez Chi, *Por Esto!*, viernes 8 de junio de 2007).

Tercer Foro Universitario sobre Homosexualidades. La Universidad de Yucatán convocó al Tercer Foro Universitario sobre Homosexualidades, que se llevó a cabo los días lunes 26, martes 27 y miércoles 28 de noviembre de 2007, en el Salón del Consejo Universitario del edificio Central de la máxima casa de estudios. Se dio a conocer que uno de los principales organizadores de este Foro fue el joven antropólogo Roberto de Jesús Ortiz Manzanilla.

La convocatoria contenía lo siguiente:

"Invitamos a participar a especialistas, investigadores, estudiantes y pasantes de Antropología, Historia, Literatura, Educación, Psicología, Derecho, Comunicación, Artes y carreras similares. Objetivo: Brindar un espacio de diálogo e intercambio académico entre especialistas y estudiantes interesados en las temáticas de: homosexualidades, diversidad sexual, roles sexuales y de género, cuerpos marginados y corporeización de la sexualidad, con el fin de construir puentes que permitan fortalecer dichas líneas de investigación.

Las ponencias serán expuestas en un tiempo máximo de 15 minutos en alguna de las siguientes mesas: 1. Género, cuerpo y sexualidades marginadas; 2 Aproximaciones literarias a la diversidad; 3. Performance y expresiones de la diversidad sexual; 4. Activismo y ciudadanía; 5. Construcción histórica de las (homo)sexualidades; 6. Estructura psicológica de las homosexualidades.

Es indispensable que los trabajos a presentar cuenten con la revisión y aprobación del Comité Organizador; Los interesados deberán enviar un resumen vía correo electrónico fu_homosexualidades@yahoo.com.mx, a más tardar el día viernes 29 de octubre de 2007".

La convocatoria también mencionaba que se impartirían Conferencias Magistrales. Sería muy interesante conocer alguna relatoría, el programa y los participantes en este importante evento. Queda para los interesados, la referencia del año y las fechas en que los universitarios llevaron a cabo esta actividad.

Que la homosexualidad se cura. A finales de 2007 y durante 2008 se difundió por la prensa nacional y local un movimiento llamado "Curage Latino", que encabezó el Dr. Richard Cohen. Se dio a conocer que el "Curage" había llevado a cabo unos eventos llamados "retiros para homosexuales", en diversos estados de la República como Guadalajara, Aguascalientes y DF, entre otras ciudades. El "Curage" sostiene que puede cambiar la orientación homosexual de las personas que así lo decidan.

En la ciudad de Mérida, la Psic. Desirée Carlson Sanromán, nacida en la isla de Cozumel, Quintana Roo, y radicada en esta ciudad de Mérida, era representante del "Curage". En mayo de 2008, apareció en la prensa local el anuncio de las actividades de ese movimiento, dadas a conocer por su representante en Mérida, y en una de las entrevistas expone lo siguiente: "Posible reorientar la sexualidad. La International Healing Foundation, organización con presencia en México y Yucatán, asegura que mediante un sistema de psicoterapia, las personas, a partir de la libertad que tienen para elegir, pueden redireccionar sus preferencias sexuales. ¿Es posible reorientar la sexualidad de una persona si la que vive le atormenta? ¿Puede alguien dejar de sentir atracción sexual hacia una persona de su mismo sexo si ya no quiere?

La International Healing Foundation, organización promovida por Richard Cohen desde hace 20 años y ya con presencia en México y Yucatán, específicamente, afirma tener las respuestas a estas interrogantes mediante un sistema de psicoterapia en el que las personas, a partir de la libertad que tienen para elegir, pueden reorientar sus preferencias sexuales.

Desirée Carlson Sanromán, directora nacional de la fundación, sostiene que las personas tienen derecho a elegir una nueva sexualidad si la que llevan los atormenta, porque existen quienes aun sintiendo atracción hacia los de su mismo sexo constantemente se preguntan si pueden cambiar.

Explica que a la organización llegan personas que tienen hasta 15 años viviendo una vida que no desean, incluso habiendo tenido parejas estables de su mismo sexo, además de que buscan apoyo adolescentes o gente de entre 20 y 30 años que aun sintiéndose atraídas por los de su mismo género se cuestionan si es posible cambiar.

También se aborda la terapia sobre las heridas homoemocionales, pues en el 50% de los casos que acuden buscando ayuda sufrieron un abuso de tipo sexual en la infancia; luego están las cuestiones culturales, pues ahora la sociedad, los medios, van fomentando nuevos estilos y modas y hay gente que dice que probará sólo porque así se lo indican, lo que representa a la larga una herida emocional.

Carlson Sanroman anticipa que el lunes 19 de mayo en el Instituto Cumbres estará el fundador de la organización, Richard Cohen, quien se reunirá con diferentes personas de la sociedad y después atenderá a los medios de comunicación. Del 20 al 24 de mayo se impartirá en el hotel El Conquistador una serie de talleres y seminarios para terapeutas de nueve de la mañana a cinco de la tarde y estará abierto al público" (Rafael Gómez Chi, "Posible reorientar la sexualidad", en *Por Esto!*, viernes 16 de mayo de 2008, sección La Ciudad).

"Curar" gays carece de sustento científico. En junio de 2008, a nivel nacional, la Sociedad Interamericana de Psicología manifestó a través de un comunicado que la propuesta de curar gays "atenta contra los derechos de las personas al considerar a la homosexualidad como un trastorno sobre el cual podrían ejercerse acciones correctivas. Fomentar e implementar abordajes terapéuticos sin ningún sustento científico atenta abiertamente contra todos los referentes éticos que afirman la práctica profesional de la psicología".

Entrevistado por NotieSe, Juan Luis Álvarez Gayou, director del Instituto Mexicano de Sexología, dice que esos "tratamientos" están totalmente descalificados por la Asociación Psicológica Americana y por la Asociación Psiquiátrica Americana, pues sus "fundamentos terapéuticos" están supeditados al adoctrinamiento religioso y a la ideología de ultraderecha. "Hace que las personas se sientan culpables de sus deseos y prácticas homosexuales".

Según el doctor, los principios científicos de la psiquiatría y la psicología en relación a permitir "que la gente se sienta mejor" se ven contrariados con este tipo de terapias, ya que se emplean las culpas de las personas para hacerlas sentir que ya están sanadas.

Además, es una forma de enriquecerse a costa de la ignorancia de la gente. "Se ve a todas luces que hay un negocio multimillonario. Es como una de esas religiones espurias que tienen centenares o miles de adeptos a los cuales les sacan dinero".

Homofobia. A su vez, David Barrios, ex presidente de la Federación Mexicana de Educación Sexual y Sexología, señala que el llamado "Congreso Comprendiendo la Homosexualidad " responde a una visión retrógrada que parte no sólo de un sesgo conservador, sino de un ángulo opuesto a los avances de la ciencia fáctica. "Las diferentes orientaciones sexuales son condiciones humanas inherentes a las personas, y ninguna de ellas debe ser catalogada como padecimiento orgánico o emocional. Estos grupos retardatarios promueven ideas erróneas y violatorias de los derechos humanos".

Lo que sí hay, argumenta, es homofobia en muchos sectores de la sociedad. Ante el contexto adverso, hay quienes viven su orientación sexual como algo "insuficientemente aclarado e indeseable, pues desarrollan su propia homofobia internalizada como un mecanismo de defensa ante la homofobia social". Si hubiera una cultura de respeto a los derechos humanos de la diversidad sexual, las personas vivirían no sólo con aceptación, sino "con mucho goce" su orientación erótico-afectiva, sea ésta homosexual, bisexual o heterosexual" ("La homosexualidad y el negocio de la culpa", en www.notiese.org.mx, 3 de junio de 2008, página electrónica consultada en junio de 2013).

Activistas contra las reformas que prohíben el matrimonio gay en Yucatán. El 15 de julio de 2009 "en el filo de la clausura del período ordinario de sesiones, los diputados priístas y panistas aprobaron, sin mayores consultas a la sociedad, reformas promovidas por la denominada "Red Pro Yucatán" a través de la "iniciativa popular".

"No obstante la oportuna advertencia del riesgo de negar la diversidad de las familias y sus derechos sexuales y reproductivos, los legisladores yucatecos optaron por evadir su responsabilidad y en opinión de organizaciones de avanzada de la sociedad civil, hicieron más caso a la hipocresía y a la doble moral, en aras de cumplir con indicaciones políticas y religiosas.

Carlos Méndez Benavides, dijo que el odio de los legisladores sólo fomentará más crímenes por homofobia, tras las reformas constitucionales aprobadas en torno a la familia, el matrimonio, el concubinato y el aborto.

"Sandra Peniche Quintal exhibió una cartulina en la que escribió: "Congreso traidor al pueblo", y alguien más advirtió siempre desde un cartel: "Señores Diputados, el colectivo gay también sabe votar en bloque".

"Sólo la perredista Bertha Pérez Medina utilizó la tribuna para reclamar a sus homólogos mayor tiempo de discusión, un profundo análisis y evitar el "fast track", pero sin tener éxito.

"Los integrantes del Oasis de San Juan de Dios llegaron al recinto del Poder Legislativo advertidos del sentido de las reformas. Ejemplificaron el *requiescat in pacem* de los derechos humanos con un ataúd gris a las puertas del Congreso del Estado y con mantas para cuestionar cuántos crímenes más por homofobia deberán ocurrir hasta hacer algo para detenerlos" (Rafael Gómez Chi, "Dos visiones de la sociedad en el Congreso. Aplausos y abucheos a los diputados". *Por Esto!*, jueves 16 de julio de 2009).

Acerca de los movimientos y manifiestos de las Asociaciones civiles a favor del Matrimonio Universal, en el capítulo 5 abro un apartado sobre el particular titulado "Matrimonio para todas y todos en Yucatán".

Los académicos

El Observatorio sobre la Violencia de Género en Yucatán.
El 27 de enero de 2010, un grupo de académicas y académicos

de la Universidad Autónoma de Yucatán, presentaron el libro *Observatorio de la violencia social y de género: Bases para su implementación en el Estado de Yucatán*, en el marco de la Jornada sobre Violencia, Género y Masculinidades, que se llevó a cabo en el Auditorio "Jorge Zavala Velázquez" del Centro de Investigaciones Regionales de la UADY.

Aunque la publicación no aterriza en indicadores específicos para identificar la violencia hacia la homosexualidad, sino solamente los referidos a la violencia hacia las mujeres, la propuesta es, como su nombre lo indica, una base y una apertura que convoca a todas y todos los actores sociales a encontrar directrices para enfrentar la violencia de género, considerando que el género involucra a todos, incluyendo a los colectivos LGBTTT.

Hay que recordar que apenas el año anterior, 2009, el Congreso del Estado había aprobado reformas a la Constitución del Estado de Yucatán y al Código Civil que, entre otros ordenamientos, prohíbe el aborto y el matrimonio entre personas del mismo sexo. Esta Jornada con destacados especialistas universitarios en enero de 2010, resaltó los logros de las luchas feministas en el mundo, y consideró que pese a las contrarreformas en algunos Estados, es notoria la mayor atención al problema de la violencia de género en espacios como los órganos legislativos federales y estatales, y el avance de la creación de Centros, leyes, institutos y acciones de la misma sociedad, lo que deja ver que se empiezan a alcanzar los objetivos que persigue la lucha feminista.

El Dr. Juan Carlos Ramírez Rodríguez, médico e investigador de la Universidad de Guadalajara y especialista en el tema de violencia de género, fue el encargado de presentar la obra "Observatorio de la violencia Social y de Género: Bases para su implementación en el Estado de Yucatán", elaborado por las destacadas investigadoras Dra. Judith Ortega Canto, Bertha Munguía Gil, Yolanda Oliva Peña y Mariana Rodríguez Sosa (Dra. Rocío Quintal, "El Observatorio sobre la Violencia de

Género en Yucatán", en: *Por Esto!*, jueves 28 de enero de 2010; y "El Próximo miércoles: Jornada sobre Violencia, Género y Masculinidades". Rafael Mis Cobá, *Por Esto!*, viernes 22 de enero de 2010).

Foro Permanente de Diversidad Sexual "Magnitud Rosa". El miércoles 16 de junio de 2010, se llevó a cabo el evento titulado "Caribe Queer", organizado por la agrupación "Magnitud Rosa", y durante esta actividad realizada en la Biblioteca Central "Manuel Cepeda Peraza", se dio a conocer la apertura del Foro Permanente de la Diversidad Sexual, que se llevó a cabo del 21 al 25 de junio en el Centro de Artes Visuales, frente a la iglesia de Santa Ana, a partir de las 7:00 pm con acceso gratuito para los interesados.

Entre los organizadores estuvieron Roberto Ortiz Manzanilla, Iván Vázquez y Jorge Cortés Ancona, con la presentación de los escritores puertorriqueños Mayda Colón y David Torres, quienes leyeron fragmentos de sus poemas eróticos gays. Mayda Colón leyó poesía en prosa enmarcados dentro de disidencia política, y presentó su libro *Dosis*, que era una novedosa edición en forma de bote de pastillas, que trae una etiqueta con ingeniosas advertencias e indicaciones a quienes decidan leerlo.

Roberto Manzanilla reveló que las Marchas del Orgullo Gay que se realizan año con año en Mérida y sus diversas reacciones, ha motivado a la nueva agrupación "Magnitud Rosa" a crear un foro permanente para realizar eventos de reflexión sobre la diversidad genérica tres o cuatro veces al año con mesas paneles.

Dijo que el grupo "Magnitud Rosa" está integrado por representantes de asociaciones civiles como UNASSE, la agrupación gay Osos Yucatecos, y académicos, por medio de David Torres y Jesús Barquet, especialistas internacionales en diversidad de género ("La diversidad sexual en foro permanente de la agrupación "Magnitud Rosa", Germán Pasos, *Por Esto!*, jueves 17 de junio de 2010)

Talleres "Incorporación de la perspectiva de género en las políticas públicas en materia de identidad de género".
En febrero de 2011, el Círculo Cultural de la Diversidad "Ricardo Zimbrón Levy", presentó un informe de los resultados del Taller "Incorporación de la perspectiva de género en las políticas públicas en materia de identidad de género", que esa agrupación civil, en coordinación del Instituto para la Equidad de Género de Yucatán (IEGY), impartió durante los años 2008, 2009 y 2010, en 14 dependencias del Estado.

El IEGY bajo la dirección de la Mtra. Georgina Rosado Rosado lanzó en 2008 una convocatoria dirigida a las diversas Asociaciones Civiles, para que presentaran proyectos que propiciaran la equidad de género en las dependencias del servicio público. De esta manera se presentó el taller "Incorporación de la perspectiva de género en las políticas públicas en materia de identidad de género", que fue aprobado para su aplicación por medio de los recursos del Fondo Federal para la Transversalización del Género en las Políticas Públicas. El informe contiene en su parte medular lo siguiente:

> "Se aprecia la voluntad de difundir información y promover nuevas actitudes entre el personal de las dependencias por los propios empleados, pero no se menciona si existe o no, alguna estrategia para que quienes han tomado este taller puedan desarrollar sus propuestas dentro de algún programa adicional que incluso tenga alguna compensación económica para llevarlo a cabo.
>
> En una dependencia se señala que los Programas son Federales y ya vienen etiquetados para desarrollarse en tales o cuales actividades, por lo tanto no se puede modificar el contenido ni los grupos poblacionales a los va dirigido.
>
> Los empleados por lo general son quienes toman el taller, los directivos y quienes toman las decisiones están ausentes. Asimismo no cuentan con el apoyo necesario intrainstitucional

para continuar en la estrategia, esto según se aprecia en los cuestionarios, al mencionarse que la tarea es por iniciativa personal, individual y subjetiva.

La formación clerical de las personas también limita el alcance de la perspectiva del género; así como muchas personas sostienen que las desigualdades sociales son naturales, es decir, inherentes a la especie humana, y no vislumbran ningún cambio ni en el pasado y en el futuro, como si esta fuera la única forma de cultura existente, de la misma manera se cree (cuestión de fe) que las desigualdades entre los géneros son naturales y que las diversas expresiones de género no pueden tener cabida en la naturaleza de sólo los dos sexos biológicos.

Falta información con respecto a la diversidad genérica. Es necesario que las y los funcionarios consideren que la transversalidad de la perspectiva de género se refiere a todas las expresiones de género y no solamente a la situación de las mujeres, es necesario hablar de diversidad genérica en todos los ámbitos públicos.

Es necesario hacer diagnósticos de la problemática genérica en cada una de las instituciones para conocer la percepción de las diversas manifestaciones de las identidades de género, para construir los contenidos adecuados y específicos para contribuir a la incorporación de la perspectiva de género en sus actividades como funcionarios públicos y como personas.

Igualmente se hace necesario la elaboración de Códigos de Ética para la Transversalización del género, que incluya la Transversalización de la diversidad de género, en lo que puede contribuir la impartición de este taller y los postulados que se generen, entre éstos la elaboración y documentación de propuestas, acciones, así como de sus representantes o grupos de representantes que asuman la responsabilidad de llevarlas a cabo y darles seguimiento.

Igualmente, el nombre o título del taller puede ser cambiado, debido a que muchas personas han manifestado su desconocimiento a la terminología utilizada en el título de este Taller. También se propone que el título contenga palabras que las personas utilizan en la cotidianidad que hagan referencia a los temas que se imparten dentro del Taller.

Se necesitan políticas públicas que protejan a las personas que manifiesten pertenecer a la diversidad genérica, es decir, que deben establecerse acciones legales que sancionen a los funcionarios públicos que discriminen por cuestiones de identidad de género, y estas medidas deben quedar establecidas en una Ley que involucre a todas las dependencias de gobierno, y que sea difundida a la sociedad en general" (Informe cualitativo del Taller: "Incorporación de la perspectiva de género en las políticas públicas en materia de identidad de género" 2008-2009-2010. José Germán Pasos Tzec, IEGY-Círculo Cultural de la Diversidad Genérica "Ricardo Zimbrón Levy, febrero de 2011).

Primera Jornada contra la Homofobia, Lesfobia y Transfobia. Los días 12 y 13 de mayo de 2011, el Colectivo por los Derechos Humanos y la Diversidad Sexogenérica, llevó a cabo la Primera Jornada contra la Homofobia, Lesfobia y Transfobia, que consistió en la presentación de un libro sobre diversidad sexual y derechos humanos titulado *Todo (a)s diverso (a) s, iguales en derechos*, y en plantones frente el Congreso del Estado y el Palacio de Gobierno.

En la presentación del libro estuvieron Sergio Moreno Cabrera de "Indignación"; Carlos Méndez Benavides, de Oasis de San Juan de Dios; Olga Moguel de Foro Cultural Amaro; Dra. Ligia Vera, investigadora de la UADY, entre otros activistas, quienes dieron a conocer que este movimiento es necesario debido a las condiciones adversas por las que atraviesa la diversidad, pues Yucatán se ubica en el cuarto lugar nacional en crímenes de odio por homofobia.

Destacaron que según un reciente estudio de la Conapred, más del 60 por ciento de la población ha manifestado que no conviviría con un homosexual o algún enfermo de VIH-Sida. Además existen profundos prejuicios sociales y una criminalización de las prácticas homosexuales.

Dijeron que el libro *Todo (a)s diverso (a)s, iguales en derechos*, que se presentó en el "Olimpo" el 12 de mayo, está aprobado por el Alto Comisionado de las Naciones Unidas en México y su objetivo principal es promover la educación, así como el respeto a la diversidad sexual.

Anunciaron que el plantón se llevará a cabo a las 5:30 pm frente al Palacio de Gobierno de donde partirán a la sede del Legislativo para demandar una Constitución acorde con los tratados internacionales y se entregará una propuesta de reformas que garantice los derechos de la diversidad.

La activista Olga Moguel señaló que la problemática se agudiza ante el desinterés oficial de impulsar la educación que permita acabar con la discriminación. Dijo que no existe un centro de investigación en el sector de la educación superior que haya hecho un estudio serio sobre los alcances y causalidad de la discriminación tan acendrada en Yucatán, lo cual incluye a la administración pública.

Añadió que aunque son comunes los casos de violencia vinculados a las preferencias sexuales, para la Fiscalía General del estado, los municipios y el Instituto de Equidad de Género de Yucatán es muy difícil atacar el problema si no se conoce de dónde viene y a dónde va. ("A partir de hoy Primera Jornada contra la Homofobia, Lesfobia y Transfobia". David Rico, *Por Esto!*, 12 de mayo de 2011)

Plantón frente al Palacio de Gobierno en mayo de 2011. El 13 de mayo de 2011, miembros del Colectivo por los Derechos Humanos y la Diversidad Sexogenérica realizaron un plantón frente al Palacio de Gobierno, en el que pidieron condiciones de respeto a la diversidad, en cuanto a leyes y políticas públicas que garanticen la erradicación de la discriminación.

En el marco de la "Primera Jornada contra la Homofobia, Lesfobia y Transfobia", los activistas se plantaron frente al Palacio de Gobierno y entregaron un documento dirigido a la Gobernadora Ivonne Ortega Pacheco con diversas peticiones.

"Los manifestantes, Olga Moguel y Carlos Méndez Benavides, señalaron que a pesar de los avances a nivel nacional y mundial al reconocimiento de los derechos de la diversidad sexual, como ha sido la legalización de las uniones de personas del mismo sexo, Yucatán mantiene un gran rezago en la materia.

Consideraron que se han establecido acciones violatorias de los Derechos Humanos, concretamente a la no discriminación de homosexuales, bisexuales y transexuales, y en este sentido mencionaron la aprobación en 2009 de una reforma a la Constitución Política de Yucatán que cierra la posibilidad de que personas del mismo sexo puedan acceder al matrimonio o concubinato.

Señalaron que Yucatán se encontraba en los primeros lugares de crímenes por odio por homofobia, según datos de la Comisión Ciudadana de Crímenes de Odio por Homofobia y Yucatán se ubicaba sólo detrás de los estados de Michoacán, estado de México y Distrito Federal.

Con base en lo anterior se solicitó vía el documento entregado (del cual incluyo la parte medular en el apartado de Matrimonio), que el Ejecutivo envíe las propuestas necesarias al Legislativo para garantizar el matrimonio y concubinato universales, que desde luego incluya a las personas del mismo sexo; reformar las disposiciones necesarias y pertinentes del Código Penal para establecer el tipo penal de Crímenes de odio por homofobia o transfobia.

Forman parte del Colectivo: Alter-Int, Buenas Intenciones, Ceprodhel, Ciudadanos Yucatecos por la Diversidad, Comisión de Pueblos Indios en VIH-Sida en Yucatán, Familias por la Diversidad Sexual, Foro Cultural Amaro, Indignación, Promoción y Defensa de los Derechos Humanos, Red de Personas Afectadas por VIH-Sida y Yucatrans, entre otras" ("Plantón frente a Palacio de Gobierno. Exigen acabar con discriminación por preferencia sexual". David Rico, *Por Esto!*, sábado 14 de mayo de 2011).

Cuaderno sobre Diversidad Sexual y Derechos Humanos *Tod@s divers@s, iguales en derechos.* Esta publicación se presentó el 12 de mayo de 2011, en la Primera Jornada contra la Homofobia, Lesfobia y Transfobia, y tuvo una segunda presentación el 19 de noviembre del mismo año, en un evento llevado a cabo en el "Olimpo", organizado por la agrupación Red Juvenil en Respuesta al VIH, y otras asociaciones no gubernamentales.

El contenido de este cuaderno se refiere a los conceptos de Derechos Humanos, los principios del Derecho a la No Discriminación, concepto de Derechos Sexuales y Diversidad sexual, y los tipos de discriminación por orientación sexual que existen. Presenta también un amplio contenido de los tratados internacionales que ha suscrito México en relación a los Derechos Humanos.

En la presentación de este manual, la Dra. Liliana Valiña, representante en México del Alto Comisionado de la ONU-DH, expone que "el principio de igualdad y el derecho a la no discriminación son ejes transversales en el Derecho Internacional de los Derechos Humanos y encuentran su fundamento en la dignidad humana. Sin embargo, lograr su pleno respeto es todavía un reto, particularmente para aquellas personas con una orientación distinta a la heterosexual. La discriminación por orientación sexual, es una de las formas de exclusión en la que se involucran más prejuicios culturales y sociales, así como una de las normalizadas".

"Por ello en el marco de la campaña "Vive la diversidad, termina con la discriminación", la Oficina en México del Alto Comisionado de Naciones Unidas para los Derechos Humanos (ONU-DH) busca contribuir mediante esta publicación a la comprensión del fenómeno de la discriminación vinculada a la orientación sexual o a la identidad de género, y así participar en la erradicación de sus nocivas consecuencias".

"Desde el año 2003, en el Diagnóstico sobre la Situación de los Derechos Humanos en México, la ONU-DH resaltó la estigmatización a la que se enfrentan las personas con orientación sexual y de género distintas a la heterosexual y propuso tomar medidas en materia de educación, cultura, legislación y políticas públicas a fin de evitar prácticas discriminatorias en torno a la preferencia sexual".

"La ONU-DH agradece a las organizaciones de Yucatán el impulso que han dado para realizar esta publicación y espera que sea de utilidad para abonar a la convivencia de una sociedad en la que se respete la diversidad sexual y la dignidad de todas las personas".

Las Organizaciones de la sociedad civil de Yucatán que colaboraron en la elaboración de este Cuaderno y que aparecen mencionadas en su página 6, son las siguientes: Centro de Promoción y Defensa de los Derechos Humanos Laborales (CEPRODEHL), Ciencia Social Alternativa Kóokay AC, Comisión de Pueblos Indios en VIH-Sida en Yucatán, Buenas Intenciones Centro de Diversidad Sexual BIAC, Equipo Indignación AC, Familias por la Diversidad Sexual grupo Yucatán, Foro Amaro, Círculo Cultural por la Diversidad "Ricardo Zimbrón Levy", Grupo Multisectorial Ciudadano en VIH-Sida en Yucatán, mango Malva Arte y Género por la Equidad Social, Yucatrans, Oasis de San Juan de Dios, y Red de Personas Afectadas por VIH (Repavih) AC" (Cuaderno sobre Diversidad Sexual y Derechos Humanos *Tod@s divers@s, iguales en derechos*. Publicado por la Oficina en México del Alto Comisionado de las Naciones Unidas para los Derechos Humanos, Mérida, Yucatán, México, 2010).

Primer Coloquio Regional "Estudios de Género en el Sur-Sureste Mexicano". Los días 16 y 17 de noviembre de 2011, se llevó a cabo el "Primer Coloquio Regional Estudios de Género en el Sur-Sureste Mexicano" convocado por la Red de Estudios de Género de la Región Sur-Sureste de la Asociación Nacional de Universidades e Instituciones de Educación Superior (ANUIES), a través de la Universidad Autónoma de Yucatán (UADY).

La convocatoria estuvo dirigida a investigadoras-es, docentes, estudiantes, integrantes de cuerpos académicos, servidoras-es públicos interesados en aportar su experiencia, asociaciones civiles y sociedad interesada en el análisis de las relaciones de género.

Los organizadores dieron a conocer que la Red de Género surgió como un esfuerzo académico para favorecer el intercambio y el trabajo colaborativo entre diferentes universidades e investigadores-as con el propósito de fomentar en las Instituciones de Educación Superior (IES) y Centros Públicos de Investigación, una cultura de igualdad y equidad, libre de violencia y discriminación, capaz de propiciar el desarrollo integral de hombres y mujeres, permitiendo el ejercicio pleno de todos sus derechos.

Indicaron que los vínculos establecidos entre las IES han favorecido la consolidación de trabajos colectivos, la generación de conocimientos, el intercambio de información y el diseño de estrategias para la adopción del enfoque de género en los espacios universitarios.

Señalaron que el objetivo general del evento, era crear un espacio de discusión, reflexión y análisis crítico de las relaciones de género, desde diferentes ópticas y contextos de las IES, Colegios e Instituciones de la región sur-sureste de México.

La convocatoria establecía las siete mesas de trabajo, y en la mesa séptima se incluyó el tema de las masculinidades y las diversidades sexuales en los varones. La coordinación del tema estuvo a cargo de Carlos David Carrillo Trujillo.

Los trabajos debían ser enviados al correo coloquioregen2011@gmail.com a más tardar el 30 de mayo de 2011; y que los costos de la inscripción para ponentes era de 500 pesos, y para estudiantes de 150 pesos.

Talleres de reflexión para padres de hijos gays. En abril de 2012, la presidenta de la Asociación Psicoanalítica del Sureste, Dra. Noelia Esther Freile Vera, anunció que en la terraza del hotel Fiesta Americana se llevará a cabo el evento denominado "Noches Abiertas" con el tema: Regresa a Casa… Regresar a Ser Uno mismo", con el fin de reflexionar las distintas facetas subjetivas que aparecen en todos los grupos, incluyendo los grupos gay, el "coming out" (salir del closet), aceptación, rechazo, prejuicios, discriminación, sexualidad responsable, sexismo, homofobia internalizada, familiar y social.

Acompañada de Eduardo Fernández, coordinador de la asociación el Grupo de Reflexión para Analizantes Gay y el Grupo de Reflexión para Padres de Hijos Gay, hablarán sobre los avatares a los que se enfrentan hoy los jóvenes y padres con hijos gay, para ayudarlos a que acepten la sexualidad de sus hijos.

También entregó varios ejemplares de la gaceta *Avatares*, que contiene artículos relacionados con el psicoanálisis, así como de la homosexualidad, casamiento y adopción, con el fin de que los padres de familia aprendan y acepten la sexualidad de sus hijos, muchos de los cuales se sienten rechazados, marginados y hasta atemorizados y agredidos.

Freile Vera, nació en Argentina, desde hace varios años vive en Mérida y obtuvo la nacionalidad mexicana, es egresada de la Universidad Kennedy, trabajó en Bolivia y forma parte del campo Froilano de Bolivia, tiene maestría en Hipnosis y varios reconocimientos como Psicoanalista (Víctor Lara Martínez. Invitan a "Noches Abiertas", un espacio para la reflexión, *Por Esto!*, abril de 2012).

Activistas clausuran el Palacio de Gobierno, Congreso y Ayuntamiento. En el marco del Día Internacional contra la

Homofobia, el 17 de mayo de 2013, activistas del "Colectivo Ciudadano por el Matrimonio para Todos" realizaron plantones a las puertas del Palacio municipal, Palacio de Gobierno y Congreso del Estado, en protesta porque las autoridades poco han hecho por respetar la igualdad de las preferencias sexuales de los ciudadanos.

Encabezados por Carlos Méndez Benavides, Ligia Vera Gamboa y Olga Moguel, el grupo entregó asimismo en las tres sedes un escrito en el que enlistan sus demandas y la exigencia a las autoridades a que respeten sus derechos plasmados en diversas leyes.

En el Palacio Municipal y en el Congreso amarraron una cinta roja en las columnas de los edificios con la leyenda "Peligro", mientras que en la sede del Ejecutivo intentaron hacer lo mismo pero un guardia de seguridad se los impidió.

A los legisladores les pidieron que turnen a comisiones para su debida discusión, la iniciativa relativa al reconocimiento del matrimonio y el concubinato igualitarios en Yucatán, misma que solicitaron sea aprobada para hacer efectivo el derecho a la igualdad y no discriminación por preferencia sexual.

También que el Congreso realice las modificaciones necesarias para establecer en la normatividad penal del Estado los crímenes de odio por homofobia y transfobia.

Al Gobierno del Estado le pidieron que las autoridades encargadas de procurar justicia establezcan criterios generales que eviten que la Policía, la Fiscalía y, en general, cualquier autoridad, haga públicos datos relativos a la preferencia sexo genérica de las víctimas o los indiciados en cualquier investigación criminal, al considerar que ser homosexual, bisexual o transgénero no es un agravante penal.

En ese sentido —subrayaron—, es fundamental eliminar la práctica sistemática que tiene la Fiscalía de tratar de difundir los crímenes de odio por homofobia como crímenes pasionales.

Asimismo pidieron a la autoridad estatal que emita el decreto que reconozca el 17 de mayo como Día estatal contra la homofobia y la transfobia.

En cuanto al alcalde Renán Barrera Concha, los quejosos solicitaron que reactive el Consejo Municipal contra la Discriminación de la Diversidad Sexual, que fue instalado en junio de 2011, pero dejó de sesionar a partir de la presente administración. (Rafael Mis Cobá, "Exigen respetar igualdad de las preferencias sexuales", *Por Esto!*, 18 de mayo de 2013). Acerca de tal reactivación dedico el capítulo 5 a este Consejo.

CESSEX. El Centro de Estudios Superiores en Sexualidad (CESSEX) inició actividades en 2006, como una unidad especializada en impartir conocimientos actualizados y la nueva conceptualización de las problemáticas de la sexualidad, el género y la violencia.

Destacados especialistas trabajan en el CESSEX, ofreciendo en sus instalaciones de la colonia San Nicolás Norte, la Maestría en Consejería en Educación de la Sexualidad y la Maestría en Intervenciones en Violencia, así como varios diplomados, talleres y seminarios, todos con reconocimiento oficial, y dirigidos especialmente a profesionistas, estudiantes, maestros, investigadores y público en general interesados en estos temas.

De igual forma a lo largo del año llevan a cabo la "Semana de la No Violencia", "Semana de la Sexualidad" y "Semana cultural de la diversidad sexual", tres actividades gratuitas en las que el público puede asistir a talleres, pláticas, obras de teatro, presentaciones de libros, entre otras.

Entre los cursos que se imparten están: "Familia y diversidad sexual", "Protocolo de actuación en caso de maltrato o abuso sexual infantil", "Atención a niños con comportamiento de género variante", etcétera.

En Mérida las asociaciones civiles de profesionales de alto nivel académico, han asumido el trabajo de difundir los conocimientos científicos acerca de la sexualidad, debido a que las instituciones educativas avanzan lento en este tema, a causa de las agrupaciones retardatarias, que se imponen en el contexto tradicionalista de la sociedad yucateca.

Primeras Jornadas Universitarias sobre Diversidad Sexual en la UADY. Del 29 de abril al 14 de mayo de 2014, por primera ocasión los estudiantes universitarios de la Nueva Federación Universitaria (NFU) organizaron en las facultades de la Universidad Autónoma de Yucatán las Jornadas de Diversidad Sexual NFU.

La organización de este evento estuvo a cargo de un grupo de universitarios encabezados por la estudiante de arquitectura María Cristina Martín Rosado, coordinadora de Equidad de Género y Diversidad Sexual de la NFU, con el apoyo de la Dra. Ligia Vera Gamboa, investigadora de la Unidad Médica del Centro de Investigaciones Regionales "Dr. Hideyo Noguchi" de la UADY.

Ligia Vera Gamboa, indicó que pese a la baja asistencia en algunas sedes, se puede considerar un éxito el que la NFU lograra la apertura de las veinte facultades y preparatorias de la UADY para que durante dos semanas se realizaran actividades que resultaron enriquecedoras para los jóvenes.

Dijo que estos programas deben ser permanentes, y que la experiencia en la Facultad de Odontología fue satisfactoria, hubo buena participación de los estudiantes. Los jóvenes pidieron que se edite un cuadernillo que incluya derechos humanos, cosas prácticas que les sirvan de referencia y orientación. Recomendó darle continuidad a estas jornadas incluyendo a más centros educativos. Dijo que la Universidad Modelo está interesada en organizar este tipo de eventos.

María Cristina Martín Rosado, Consejera Alumna de la Facultad de Arquitectura, informó que integrantes del Consejo Municipal contra la Discriminación participaron como conferencistas y ponentes en las Jornadas, a quienes se invitó por su experiencia en el trabajo con los colectivos LGBTTT.

Mencionó que en total se llevaron a cabo 25 eventos incluyendo conferencias y mesas panel así como la proyección de cortometrajes y la realización de pruebas rápidas de VIH en las instalaciones del edificio central de la UADY, en las facultades de Ciencias Antropológicas y Medicina así como en el campus Tizimín de la máxima casa de estudios. Señaló que algunas facultades registraron baja afluencia debido a que no se contó con el apoyo de todos los directores. Algunos incluso permitieron que se llevaran a cabo eventos distintos a la misma hora. En el caso de las preparatorias destacó la alta participación, e incluso dijo que se logró establecer un vínculo con los estudiantes y el Consejo contra la Discriminación. Destacó la importancia de estos eventos para concientizar, sensibilizar e informar a la comunidad universitaria acerca de este tema que muchas veces es ignorado y que incluso ha llevado al suicidio a los jóvenes.

Capítulo 3. La trasgresión homosexual en Mérida

Llamamos trasgresión a las manifestaciones sociales o individuales que se apartan de lo establecido, aunque sin cuestionar ni proponer cambios en el sistema y funcionamiento normativo de la sociedad en general. En este capítulo incluyo algunas de las más visibles expresiones de la trasgresión homosexual, que se han registrado y continúan con más auge en Mérida, así como las formas en que las ha enfrentado la cultura conservadora meridana. Las discos gay, los espectáculos travestis, y el sexoservicio homosexual, son tres de las expresiones transgresoras más relevantes y que incluyo a continuación.

Contra los homosexuales, las razzias

Las razzias de homosexuales. A principios de los años 90, las razzias de homosexuales se recrudecieron todavía más de lo había sido años antes, con la llegada a la alcaldía de Mérida en 1990, de la CP Ana Rosa Payán Cervera, quien fue presidenta municipal por segunda vez, de 2001 a 2004.

Se recuerda la redada en la discoteca gay "Disco Charros" en febrero de 1989, siendo alcalde Carlos Ceballos Traconis, cuando algunos parroquianos que reaccionaron ante la represión fueron llevados a la cárcel junto con el encargado Mario Pinto Manzanero (*Diario de Yucatán*, 7 de febrero de 1989).

Como alcaldesa, Payán Cervera, se dio a conocer por ejercer la censura por razones religiosas, y por el apoyo que recibió del clero, de grupos conservadores y del *Diario de Yucatán*. En marzo de 1991, puso en marcha una feroz campaña que incluyó redadas homofóbicas y censura de espectáculos. El 13 de julio de 2001, *La Jornada* recordaba que en 1990, luego de llegar a la alcaldía meridiana, una de sus primeras acciones fue "encomendarle al secretario de la comuna, Tomás Vargas Sabido (ya fallecido), regular la proliferación de los llamados giros negros, desnudos y el cierre de este tipo de negocios". Para ello Vargas Sabido configuró una ley no escrita, denominada popularmente para la preservación de la moral y las buenas costumbres, que provocó confusión y molestia entre propietarios de los negocios considerados ilícitos por las nuevas autoridades municipales panistas.

En su segundo periodo al frente de la alcaldía, Payán insistió en la llamada defensa de "la moral y las buenas costumbres", de tal suerte que el 5 de junio de 2003, en Mérida se aprobó un Reglamento Municipal de Policía y Buen Gobierno, cuyo artículo 15 incluye entre las "infracciones a la moral y las buenas costumbres": "ejercer o promover la prostitución", así como "sostener relaciones sexuales o realizar actos de exhibicionismo obsceno en la vía o lugares públicos, parques o vehículos en circulación o estacionados, inmuebles ruinosos, en desuso o baldíos" y "exhibir públicamente material pornográfico o difundirlo en la vía pública" (Edgar González Ruiz. "Ana Rosa Payán: reaccionaria y víctima de su propio partido", en: *Contra La Derecha*, 20 de enero de 2007, Página electrónica, consultada en agosto de 2013).

Razzias homofóbicas del PRI. Después de 1970, último año del Ayuntamiento panista de Víctor Correa Rachó, se sucedieron diez Ayuntamientos priistas, hasta la llegada nuevamente después de 20 años, de los Ayuntamientos panistas con Ana Rosa Payán Cervera, en 1990. He mencionado que la represión policiaca se recrudeció en el panismo, pero desde antes de Ana Rosa, la homofobia estuvo presente en la sociedad yucateca. A continuación, presento algunas de las más comentadas razzias de homosexuales, durante los Gobiernos priistas.

La razzia en la sala de fiestas Silas. Corría el año de 1977, siendo Gobernador del Estado, el Dr. Francisco Luna Kan y Presidente Municipal de Mérida, el Ing. Federico Granja Ricalde. Los preparativos para la realización del certamen "Srita. Yucatán Gay" de ese año se iniciaron con dos meses de anticipación a la fecha fijada para el evento, que se efectuaría en el mes de agosto.

El concurso se efectuó el sábado 20 de agosto de 1977. Entre las grandes personalidades que asistieron estaba la Xóchitl, un travesti de renombre en México, quien participó en varias películas del cine nacional, por lo que en el ambiente gay tenía el mote de "Reina de Reinas".

Mientras las concursantes mostraban al público sus aptitudes y su belleza, poco a poco, y sin espantar a nadie, el recinto se empezó a llenar de policías. Afuera se había apostado un convoy numeroso de camionetas antimotines, patrullas de la SPV, y un batallón policiaco custodiaban la salida del Silas.

La policía esperó pacientemente a que el jurado calificador emitiera su veredicto y nombrara triunfadora a Damiana Sansores, oriunda de Umán, como "Srita Yucatán 1977. Si bien hay quienes dicen que la policía esperó hasta que nombraron a la nueva Señorita Yucatán, hay otros que recuerdan que el concurso nunca terminó, ya que cuando la gente se dio cuenta que la policía estaba invadiendo el lugar, empezaron a retirarse, por lo que la policía, inició el levantamiento de los que estaban vestidos de mujeres, lo que provocó la dispersión y el tumulto, por lo que el concurso se desbarató. Dicen que días después se citó a las concursantes en una casa particular, donde asistieron solamente los organizadores y el jurado, donde se eligió a Damiana Sansores, como triunfadora del certamen.

Acerca de este acontecimiento represivo en contra de travestis, incluyo la nota periodística del *Diario de Yucatán* que dio a conocer la redada, el lunes 22 de agosto de 1977.

Ofensa a la moral.- El comandante del cuartel del DGSPT Tnte. Juan Montero Aguilar, informó que por queja de numerosos vecinos la policía detuvo ayer a 39 sujetos de costumbres raras que escandalizaban, en estado de embriaguez, en la Sala de Fiestas "Silas".

Los detenidos declararon que estaban celebrando su concurso "Señorita México". Varios policías que participaron en la redada explicaron que los travestistas habían instalado una pasarela en el interior de la sala y muchos de ellos desfilaban ante un jurado con trajes femeninos de noche y de baño.

Se añadió que días antes se hizo propaganda del concurso y se vendieron boletos con valor de 100 pesos que daba derecho a mesa y licor.

Ayer por la mañana el director de la corporación Sr. Raymundo Vargas Cruz amonestó con severidad a los detenidos y luego los puso en libertad.

Individuos de esta repugnante ralea, que hacen pública ostentación de desviadas inclinaciones que antes se mantenían en secreto, no deben andar sueltos por la ciudad; cada uno de ellos representa un serio peligro de perversión para la juventud, pues como han perdido la vergüenza, no perderán la menor ocasión de arrastrar nuevas víctimas hacia el vicio.

Creemos que una amonestación por severa que sea surte poco efecto. El escarmiento debe ser mayor para evitar el contagio (Anónimo. *Diario de Yucatán*, Sucesos de Policía, lunes 22 de agosto de 1977).

La razzia de Pisté. Otra de las redadas relevantes en eventos gays fue la que desplegó la policía para interrumpir un concurso de belleza travesti en la comisaría de Pisté, municipio de Tinum, muy cerca de Chichén Itzá, en 1982. Cuenta Pepe Farfán, uno de los principales organizadores de esos eventos, que a raíz de las razzias en la ciudad de Mérida, las autoridades policíacas les aconsejaron que las aglomeraciones homosexuales las hicieran fuera de la ciudad de Mérida, por lo que se realizaron el localidades alejadas de la capital yucateca, como los concursos de 1981 y 1982 que se realizaron ambos en el Hotel Pirámide Inn de Pisté, cerca de Chichén Itzá. En 1981 el certamen se llevó a cabo sin ningún problema con la policía y asistieron unas doscientas personas que tuvieron que viajar muchos kilómetros para llegar a Pisté. Este evento se efectuó en el restaurant del hotel, que resultó pequeño para el gran número de invitados que acudieron, por lo que algunos estuvieron de pie durante el concurso.

Eran catorce las concursantes, y se encontraban en la sexta o séptima participante, cuando se escucharon los gritos: ¡la policía! ¡la policía! La razzia convirtió el lugar en un caos, el muro trasero del Pirámide Inn fue el obstáculo que los asistentes escalaron y brincaron para internarse en el monte, muchos descalzos y vestidos de mujer.

Los cuartos del hotel fueron revisados y decomisadas todas las pertenencias de los hospedados, ropa de mujer, ropa de hombre, relojes, alhajas, carteras, maquillajes, instrumentos de estética, etc. Al llegar al edificio de la policía en Mérida, ubicado en la Avenida Reforma, se les pidió dejar en un escritorio todas sus demás pertenencias que tenían encima, algunas alhajas, sus pelucas, aretes, bisutería y se les dijo que llamaran a sus casas para que les llevaran ropa de hombre y el dinero para pagar las multas.

La nota que salió en un periódico indica que fueron veinticuatro los homosexuales detenidos, pero fueron más, ya que un camión tiene 40 asientos y todos fueron ocupados por asistentes al concurso; los policías viajaron de pie cuidando a los detenidos, ningún policía ocupó asiento. Igualmente, las camionetas antimotines que llegaron en convoy junto con patrullas, en número impreciso, pero notable, también transportaron a algunos asistentes y concursantes. En realidad se desconoce el número exacto, no oficial, desde luego, de los detenidos, pero se calcula en casi un ciento.

Aparte de la nota sobre la detención aparecida el lunes 12 de julio de 1982 en el *Diario de Yucatán*, se dio a conocer en otra nota, del martes 13 del mismo periódico, mes y año, la multa de 1,150.00 (mil ciento cincuenta pesos) a cada uno de los detenidos por queja de turistas. Incluyo la nota periodística sobre la detención de los asistentes, tomado del Diario de Yucatán del lunes 12 de julio 1982, en el que se menciona que estarían 15 días en la penitenciaría, acusados de faltas a la moral y escándalo, incluso se pueden leer los nombres de las personas detenidas.

"Indecentes detenidos.- Agentes de la Dirección de Policía y Tránsito, por quejas de turistas detuvieron ayer por la madrugada en interior del hotel "Pirámide" de Pisté a 24 homosexuales, la mayoría invitados del interior de la República, quienes competían en un "concurso de belleza", según informó anoche el Cnel. Leopoldo Barquera Trucios, director de la Policía Judicial.

Los detenidos de entre 18 y 41 años de edad fueron consignados a la judicial y mañana serán enviados a la penitenciaría donde estarán 15 días, acusados de faltas a la moral y escándalos. Según una invitación que circuló entre los inmorales, asistirían a la fiesta representantes de Yucatán, Tabasco, Campeche, Quintana Roo y Veracruz.

De acuerdo con la lista proporcionada por la tercera comandancia, los detenidos son: Fernando Pérez Escalante, Marco Antonio Bates González, Juan Moguel Castillo, Jorge Avilés Ortega, José Fco. Chan Parra, José Miguel Martínez, José Martín San Mendoza, Juan Gómez Ayora, Martín Alcocer

Wormez, Pedro Castillo Alpuche, Pedro Enrique Montero, Javier Pech Ramayo, Luis Alberto Vázquez Gutiérrez, Juan Manuel Barbosa, Marco Antonio Figueroa, Germán Pasos Tec, Antonio Iuit Espinosa, Pedro Franco Martínez, Iván Alfonso Cruz Canto, José Luis Cortazar Guillermo, Francisco Evia Ávila, Alejandro Ángel Dupont Arcila, Roger Armando Herrera Cetina y Carlos Martínez Villalobos, Castillo Alpuche es el único menor de edad" (Anónimo. *Diario de Yucatán*, Notas relativas al Ministerio Público, lunes 12 de julio de 1982).

Redada en la Plaza Grande. El domingo 7 de agosto de 1983, se dio a conocer en el *Diario de Yucatán*, una razzia de homosexuales efectuada en la Plaza Grande:

"Anoche a las 11, elementos de antimotines detuvieron durante una redada en la Plaza Grande a ocho sujetos de costumbres raras, entre ellos uno vestido de mujer, según informó el Tte. Cnel. Ángel Erasto Santos Ortiz, ayudante general de la Dirección de Policía y Tránsito.

Los uniformados llegaron al parque principal por la calle 63 con 62 y se apostaron cerca de la 60. Los sujetos corrieron en distintas direcciones, pero ocho fueron capturados.

Sin embargo, poco después de la redada numerosos sujetos de costumbres raras ya estaban de nuevo en el parque" (Anónimo. *Diario de Yucatán*, domingo 7 de agosto de 1983).

Redada en el Parque Hidalgo. El martes 9 de agosto de 1983, se informó en el *Diario de Yucatán*, de una redada en el Parque Hidalgo:

"Elementos de la DPT realizaron anteanoche una redada en el Parque Hidalgo, donde detuvieron a Ricardo Gutiérrez Hernández, Pablo F. Tuyub, Herbert A. Alejos, Víctor Quijano Nájera, José E. Solís Novelo, José A. Ávila Hernández, Javier Vargas Matú, José A. Castillo Martínez y Andrés J. Chuc Caballero. Se les acusa de ser de costumbres raras (Notas de la DPT. Anónimo. "Redada", *Diario de Yucatán*, 9 de agosto de 1983).

Detenidos en los cines. En agosto de 1984, en la Sección Notas de la Comuna del Diario de Yucatán, siendo alcalde el CP Guido Espadas Cantón, se dio a conocer la detención por diferentes infracciones al Reglamento Municipal de Espectáculos, de 17 personas que fueron desalojadas del cine Cantarell y tres del Fantasio, de las cuales once fueron remitidas a la DPV (Anónimo. Notas de la Comuna, *Diario de Yucatán*, 29 de agosto de 1984).

Acerca de las detenciones en los cines, recordamos los concurridos concursos de travestis denominados "Srita. COTSA" o "Señorita Compañía Operadora de Teatros". Este concurso se llamó de esta manera porque estaba dirigido a los jóvenes gay que gustaban de ligar en los cines del centro de Mérida, entre los que estaban el Aladino, Peón Contreras, Olimpia, Mérida, Colón, Novedades y Esmeralda. La Compañía Operadora de Teatros según algunas fuentes era la oficina encargada de traer las cintas de México y distribuirlas en las salas de cine en esta ciudad.

Razzia de mujeres: 15 detenidas. Elementos de la Dirección de Protección y Vialidad, a bordo del carropatrulla No 372 al mando del oficial Francisco Pech, llevaron a cabo, en distintos sectores del primer cuadro de la ciudad, una razzia de mujeres de la vida galante, logrando detener a 15.

Las detenidas son: Bertha González Rodríguez, Gloria Montalvo Cruz, Rosa Cocom Pérez —se hallaba en primer grado de intoxicación alcohólica—, Bertha Pacheco Robleda, Guadalupe Canché Santos, Margarita y Leonarda Ruiz Cáceres, Patricia Berzunza Castillo, Ligia Pech Cimé, Rosa Navarrete de Lugo, Graciela García Mar, Rosa Flota González, María Elena Sánchez, Leydi Soberanis Villanueva y Ligia López González.

Las mujeres fueron detenidas en los siguientes sitios: Plaza Principal, 62 entre 63 y 67, esquina del "Venadito", alrededores del Mercado Municipal y otros. Todas fueron recluidas en la cárcel pública (Razzia de mujeres: 15 detenidas. Anónimo, *Novedades de Yucatán*, octubre de 1984).

Razzias del PAN. Clausuran "La Papaya" y "Vitrales". En junio de 1991, la Comuna clausuró los bares gay "La Papaya" y "Vitrales", por presentar espectáculos inmorales, carecer de los permisos correspondientes y expender bebidas alcohólicas a menores de edad.

"Los propietarios de "Vitrales" Miguel Rodríguez Cervantes y Carlos Castellanos Erosa, afirmaron que la clausura se debió a que el establecimiento no contaba con sus documentos en regla y no por presentar espectáculos inmorales. Señalaron que a ese negocio acuden homosexuales, pero negó que sea un centro de reunión de esas personas. Donde se reúnen es en la Plaza Grande y ahí se dedican a platicar sus cosas, dijeron.

Rodríguez Cervantes insistió que en "Vitrales" no se presentan espectáculos inmorales y advirtió que en caso de que el rotativo que dio a conocer la noticia siga con su actitud de calumnias dará a conocer los nombres de sus reporteros que asegura son "invertidos" y frecuentan el lugar.

Por otra parte manifestó que en su opinión el 95 por ciento de los artistas locales son del movimiento gay pero la mayoría no lo demuestra por temor al rechazo o la discriminación. Dijo tener conocimiento de la existencia de una agrupación en esta ciudad que se autodenomina "Gran familia", que agrupa a muchos hombres de tendencias raras" (Anónimo. "Es falso que en Vitrales presenten inmoralidades", en: *Diario del Sureste*, 14 de junio de 1991).

Razzia contra la prostitución en inmediaciones del ADO. En mayo de 2001 se informó que diez mujeres dedicadas a la prostitución y cinco homosexuales fueron detenidos en un operativo llevado a cabo por la Secretaría de Protección y Vialidad, en coordinación con la Policía Judicial y el sector salud. Las mujeres son de esta ciudad y algunas del interior del estado; los cinco homosexuales detenidos radican en esta ciudad y se dedicaban a ofrecer sus cuerpos en las inmediaciones de la central camionera. Los detenidos cuyos nombres no fueron revelados, fueron recuperando su libertad en las primeras horas de día siguiente (Carlos Chan Toloza. "Razzia contra la prostitución en inmediaciones del ADO", en: *Por Esto!*, miércoles 23 de mayo de 2001).

Reglamento de Policía y Buen Gobierno. En mayo de 2003, durante el Ayuntamiento que encabezó la CP Ana Rosa Payán Cervera, se aprobó el Reglamento de Policía y Buen Gobierno, con el propósito de apoyar medidas para la seguridad, las buenas costumbres, la tranquilidad y la convivencia de las familias, la protección del patrimonio municipal y el mantenimiento del orden público.

El nuevo ordenamiento sanciona el ejercicio público de la prostitución, la mendicidad infantil, practicar actos de exhibicionismo sexual o sostener relaciones íntimas en lugares públicos, vehículos, terrenos baldíos o centros de espectáculos.

Al conocer el documento, la regidora priista Ingrid Priego Cárdenas, dijo que la bancada del PRI impugnará varios artículos, pero principalmente aquellas fracciones que le dan poder absoluto a la alcaldesa Ana Rosa Payán Cervera sobre la actuación de los jueces calificadores.

El Reglamento contiene 53 Artículos y está dividido en los siguientes capítulos: Disposiciones generales, De las infracciones, Infracciones al orden público, A la seguridad de la población, A la moral y las buenas costumbres, Al derecho de propiedad, Salud, ambiente y equilibrio ecológico, A las cometidas por menores de edad, De las sanciones, De los jueces calificadores, De la conciliación, De la calificación de las infracciones, y Del recurso de inconformidad (Anónimo. Normas para regular la convivencia en Mérida, en: *Diario de Yucatán*, 16 de mayo de 2003).

Se estrena la Policía Municipal con limpieza de homosexuales. El 6 de junio de 2003, se informó que "la nueva corporación Policía Municipal de Mérida", entrará en funciones el lunes 9 de junio de ese año, con 76 agentes que se encargarán de vigilar la vialidad y velar por la seguridad en el centro de la ciudad de Mérida.

Se dio a conocer que desde el día 5 de junio la SPV comenzó una operación de "limpieza" en calles del primer cuadro para entregar esa área a la Policía Municipal libre de maleantes y viciosos que acostumbran merodear por la zona. La PM estará cargo de puntos conflictivos como el mercado Lucas de Gálvez y la Plaza Grande que por las noches se convierten en punto de reunión de vándalos, ebrios, homosexuales e incluso gente que consume y distribuye drogas.

En el Lucas de Gálvez los uniformados recorrerán los pasillos en busca de ebrios y viciosos que frecuentan ese lugar. También se retirará a los homosexuales que suelen prostituirse en la Plaza Principal y el Parque de Santa Lucía. El objetivo de la operación es controlar la delincuencia en esa parte de la ciudad antes de que la Policía Municipal entre en funciones" (Anónimo. Operación policiaca de "limpieza" en el centro de la ciudad, en: *Diario de Yucatán*, viernes 6 de junio de 2003).

El sexoservicio homosexual

El sexoservicio masculino para caballeros. El sexoservicio masculino en Mérida, como una expresión más dentro del contexto homosexual en la localidad, se puso de relieve a raíz de la aparición de los primeros casos de muertes por VIH a partir de 1981, y por la ola de asesinatos de personas homosexuales, cuyos victimarios, al ser localizados y detenidos, manifiestan que a su víctima la contactaron en un parque o una calle del Centro Histórico, principalmente en la Plaza Grande, o en el Parque de Santa Lucía y Santa Ana, revelando estos lugares y otros de los alrededores como sitios establecidos socialmente para el ejercicio del trabajo sexual homosexual.

En 1991, el periodista yucateco Joaquín Tamayo, introduce al marco conceptual del ambiente homosexual en Mérida, el término "eje gay", por medio del cual dio a conocer algunos de los puntos del Centro Histórico donde los clientes de este mercado gay, podían encontrar sexoservidores, que en el argot local se les denomina "mayates" (Joaquín Tamayo. "Strip tease de hombres en pleno centro de Mérida. Crónica de una noche en el eje gay de la ciudad: de Vitrales a La Papaya". *Novedades de Yucatán*, domingo 9 de junio de 1991).

Al darse a conocer de manera pública el crecimiento de esta actividad en el Centro Histórico, el ayuntamiento de Mérida, con la colaboración de la Policía del Estado, inició una campaña de represión por medio de redadas o "razzias". Las "razzias" iniciaron en los 80 y continuaron toda la década de los años 90, hasta entrados los años 2000. Los sexoservidores eran retirados y muchas veces levantados en las calles del eje gay. En la calle 56 por 55, cerca del Cinema STIC, se estacionaban una o dos patrullas antimotines, con la orden de levantar a los jóvenes que estuvieran mucho tiempo parados en esa esquina, o caminando dándole vueltas a la manzana. Igualmente las patrullas hacían rondines por los céntricos parques y calles, en las se sabía que allí llegaban muchos sexoservidores y clientes en demanda del servicio homosexual.

Prostitución masculina en la manzana del Cinema STIC. *El Diario de Yucatán* recibió un escrito del Sr. Fernando Rodríguez, que publicó el jueves 8 de mayo de 2003, en el que el suscrito manifiesta su inconformidad porque la prostitución masculina ha vuelto a sentar sus reales en una céntrica calle. El texto dice lo siguiente:

"Nuevamente la calle 54 entre 55 y 57 se ha convertido en zona de prostitución masculina descarada y cínica, ante la vista y paciencia de las autoridades. Por las noches principalmente los fines de semana y días festivos se paran en la zona varios homosexuales que son contratados por degenerados automovilistas. La zona se encuentra en el Centro Histórico y bonito espectáculo ofrecemos a quienes nos visitan. Ojalá que la nueva Policía Municipal, sí tome cartas en el asunto para resolverlo porque la Secretaría de Protección y Vialidad no ha podido" (Voces del Público. "Queja: retornó la prostitución a céntrica zona", en: *Diario de Yucatán*, jueves 8 de mayo de 2003).

El Cine STIC, ubicado en la calle 56 entre 55 y 57, tenía fama entre los colectivos gay populares, de ser un lugar de ligue, ya que su programación desde los años 90 y 2000 se basa en películas de contenido erótico. Muchos gays han revelado que en el STIC pueden contactar un compañero para una aventura homosexual, y no necesariamente hay que salir de la sala, sino que ahí mismo pueden masturbarse o practicar felaciones, incluso penetraciones en los sanitarios, sin ser molestados por nadie, debido a que la mayoría de los asistentes busca lo mismo.

Algunas personas recuerdan una anécdota ocurrida en el Cinema STIC hace algunos años. Los asistentes a las funciones del STIC acostumbraban quedarse parados en la parte de atrás, junto a la entrada, que quedaba en una completa obscuridad por la gran cortina negra y por estar muy lejos de la pantalla. Una noche, el veterano operador del proyector, viendo que casi nadie ocupaba los asientos, estando la gran mayoría vacíos, y que muchos asistentes se encontraban parados a la entrada, decidió interrumpir la proyección. Encendió las luces y se dirigió hasta la pantalla y con voz fuerte les dijo a los presentes que hicieran el favor de ocupar los asientos, para continuar la proyección de la película, y que no entendía por qué no se sentaban habiendo tantas butacas vacías. También les dijo que las luces de la entrada no se apagarán, para que los presentes no se quedaran parados en esa parte de la sala. Y según algunas personas, hasta el día de hoy, las luces de la entrada no se apagan para evitar que los asistentes se queden parados en lo más obscuro.

Cambios en el sexoservicio homosexual en Mérida. Muchas personas han señalado que el "mayatismo" y los "mayates" han cambiado a lo largo de los últimos 50 años, y que el sexoservicio era diferente al que ahora se conoce. Sobre esto, se incluye un segmento del artículo del periodista Conrado Roche Reyes, aparecido en *Por Esto!*, en 2007. El término "mayate" se considera discriminatorio, sin embargo se incluye tal y como el autor lo menciona en este artículo.

> "En aquellos tiempos, hace 50 años, Mérida tenía un sitio de reunión de "mayates", el Parque Hidalgo, mas no como se les conoce ahora. Eran estudiantes, jóvenes clasemedieros que tomaban aquello no como una profesión, sino como algo extra para obtener dinero. Desde luego no era concebible como un trabajo legal, pero siempre eran los mismos y muy identificados. Completa y totalmente viriles. Buenos para los madrazos. Algunos cercanos amigos eran grandes "mayates", de tal magnitud, que eran conocidos por "putos" de otros lugares. Proliferaba el "mayatismo". Vestían como "rebeldes", "caritas", y a quienes las muchachas perseguían a sabiendas de su "mayatismo". Este no era mal visto. El "malmirado" era el puto. Como digo, sumaban montones, compartían los mismos deportes y aficiones que los no "mayates", mismos que consideraban aquello muy a la ligera, como que tenía que haberlos, siempre fue así. Se reunían como todos los jóvenes en el Parque Hidalgo de siempre.
>
> Íbamos varios amigos por ejemplo a la zona de tolerancia. Entonces como los dueños de ciertos lupanares eran "putos", pues nuestros compañeros "mayates" hacían lo que hoy se llama "trabajo sucio", acostándose con ellos para que la banda se emborrachase gratis. ¿Qué no había dinero para el cine? El "mayate" le bajaba el dinero a un "puto". ¿Para el béisbol? Lo mismo.

En aquel tiempo, era inconcebible que alguien se vistiese como los modernos travestis, y se exhibiera así por las calles. Estos "los putos", organizaban "fiestas de ambiente" a las que concurrían todos los "mayates" con sus amigos que "no jalaban", y una que otra mujer desprejuiciada, que les servía como gancho. Todo en el misterio. Era aquello motivo de cárcel. Varias veces la policía irrumpió tales eventos, dando con sus huesos a la cárcel "putos", "mayates" y amigos que los acompañaban" (Conrado Roche Reyes. Variaciones sobre un mismo tema. Mayatismo. *Por Esto!*, jueves 22 de febrero de 2007).

Discriminación en las razzias modernas. Cuando parecía que la discriminación contra las prácticas homosexuales había disminuido un poco en la ciudad de Mérida, la nota policiaca aparecida en la prensa local en abril de 2013, acerca de la clausura de un bar gay clandestino, mostró todo lo contrario, ya que no solamente se publicaron los nombres de los detenidos, como se hizo en el lejano año de 1982 en la razzia del Hotel de Pisté, sino que ahora, además se publicaron las fotos de los jóvenes en paños menores.

La nota acerca de la redada apunta lo siguiente:

"La Policía Municipal de Mérida detuvo, la madrugada del domingo, a 54 personas, que departían en un bar gay clandestino.

Entre los detenidos en el operativo, dentro del interior del predio número 501-B de la calle 49 entre 60 y 62 en donde funcionaba el giro negro, estaban José Manuel Silveira Kantún y Miguel Ángel Domínguez Canto, quienes se identificaron con los encargados del lugar.

Previa autorización de Silveira Kantún, los elementos entraron al predio y encontraron a varios hombres semidesnudos que interactuaban con gentes que estaban consumiendo bebidas alcohólicas.

Al preguntar a esta persona sobre si contaba con los permisos para tener ese establecimiento, Silveira Kantún reconoció estar operando de manera ilegal.

Los agentes procedieron a la detención de todas las personas que encontraban en el inmueble, así como al decomiso de toda la mercancía.

Lista de detenidos. Además de los encargados del lugar, fueron detenidos: Lorenzo Antonio Chan Chuc, Ulises Rangel Pérez, José Feliciano Huchim Pech, Jorge Argáez Gutiérrez, Iván Gerardo Torres Cervantes, Gerónimo Gutiérrez Gómez, Luis David Canul Suárez, José Lorenzo Chablé Guerrero, Freddy Daniel Pech Tut, Jorge Cabrera Morales, Antonio de Jesús Molina Uc, Raúl Alegría Álvarez, Ángel Tut Balam, Federico Victoriano Madrigal, Jairo Suárez Chan, Ismael Adrián Molina Ramayo, Rubén Miguel Solís Compan, Salatiel de Jesús Pat Martín, Juan de Dios Castillo Quijano, Enrique Dupant Barrera, Cristian González Muñoz, Tomás Andrés Morales Castillo, Jesús Torres Ramírez, Santiago Pacheco Uitz, Edgar Ariel Alonso Bacab, Edwin Mendoza Crespo, José Asunción Hoil Maas, Alma Marisol Santisbon Trejo, Jesús Felipe Chiquin Cutz, Jorge René Ayala Noh, Domingo Nieto Díaz, Josué González Várguez, Cristian González Várguez, Gaspar Herrera Tec, Alberto Pérez Pech, Felipe de Jesús Carranza Flores, Luis de Jesús Sánchez Solano, Pedro de Jesús Quijano Ramírez, Juan Carlos González de la Cruz, Francisco Baltazar Kuk Xool, Roberto Hijuelos Pinzón, Freddy de Jesús Arjona Lara, Pedro Pablo Villanueva Solís, Cristian Castro Mis, Pedro José Chay Cimé, Gaspar Fabián Ordóñez Kumán, Antonio Canto Ruiz, Raúl Alejandro Caamal Chi, Moisés González González, Manuel Tomás Hu Hyde, José Guillermo Pérez Bosco, y Martín Chim Sosa" (Anónimo. Detienen a 54 personas en bar gay clandestino, en: *Milenio*, 15 de abril de 2013).

Acerca de esta acción policiaca y de los medios de comunicación, las asociaciones de activistas "Repavih" e "Indignación" presentaron una queja contra la Policía Municipal de Mérida y la Fiscalía General del Estado, ante la Comisión Estatal de

Derechos Humanos y la Comisión Nacional para Prevenir y Eliminar la Discriminación (Conapred) (Cartas al Diario, en *Diario de Yucatán*, 24 de mayo de 2013).

Razzia de homosexuales en Ticul. "Por denuncia anónima la Policía Municipal y la Secretaría de Seguridad Pública clausuró el bar "Grekos", ubicado en la calle 26 entre 21 y 23 del Centro por la presencia de varios menores de edad y no contar con permiso del Ayuntamiento de Ticul.

La mayoría de los parroquianos que fueron desalojados son homosexuales, entre ellos conocidos funcionarios y profesores.

Las quejas de vecinos es por contaminación auditiva, venta de alcohol para llevar y que al salir los parroquianos hacen sus necesidades fisiológicas a las puertas de sus viviendas.

Los propietarios dijeron que no contaban con el permiso porque no les aceptaron el pago hasta que hablaran con el presidente municipal Orlando Medina Un" (S.T. Ch. Ch. "Clausuran un bar nocturno en Ticul", en: *Diario de Yucatán*, 23 de junio de 2013).

Foro de Trabajo Sexual. En el mes de febrero de 2013 la Policía Municipal de Mérida convocó a diversas organizaciones de la sociedad civil, del ámbito académico y a quienes quisiesen participar, al "Foro de Análisis Sobre el Fenómeno Social del Trabajo Sexual en la Ciudad de Mérida". El objetivo de dicho foro se supone que es conocer el punto de vista de personas expertas en el tema y en base a las conclusiones a que se lleguen será el actuar de la Policía Municipal en torno al trabajo sexual.

Casi todas las participaciones coincidieron en la necesidad no criminalizar el trabajo de sexual, algunas exhortaron abordarlo desde la óptica de género y derechos humanos ante la urgencia de garantizar el derecho a procurarse el sustento y a la salud física y emocional de las personas que se dedican al trabajo sexual. Solamente un participante condenó el trabajo sexual desde un punto de vista de "valores morales y familiares".

Un punto que vale la pena resaltar es que a pesar de que este foro se trató sobre el trabajo sexual en Mérida, la voz de las personas que se dedican esto fue la gran ausente en el debate, si bien es cierto, una de las ponentes fue una ex trabajadora sexual, no había nadie más que hablara por estas personas.

Sin la presencia de las autoridades, lo cual indica que no les interesó, y sin la participación de las personas directamente afectadas, tal parece que este foro fue una farsa de la Policía Municipal de Mérida para legitimarse, utilizando a las organizaciones de la sociedad civil que realmente se preocupan y ocupan del tema.

Aunque en la ley no se tipifica el trabajo sexual, en México y Yucatán, son tratadas como delincuentes, y quienes realmente comenten delitos, como los lenocidas y los traficantes de personas con fines de explotación laboral o sexual, no son perseguidos ni investigados; y la mayoría de las veces trabajan en complicidad con los grupos de poder del estado y la ciudad.

Las perseguidas y hostigadas son las personas de bajos recursos que ejercen el trabajo sexual en las calles, que no tienen ningún tipo de protección y por lo tanto están expuestas a todo tipo de abusos por parte de las autoridades; tal parece que lo que se castiga es la pobreza.

Es urgente abordar el tema de las condiciones en las que se encuentran las personas que se dedican al trabajo sexual, pero desde el respeto a sus derechos humanos y a sus libertadas y sin simulaciones (Lorena Aguilar Aguilar. "Trabajo sexual en Mérida, persecución policial y simulación institucional". En: *Proyecto Ambulante*, página electrónica, miércoles, 13 marzo de 2013, consultado en agosto de 2013).

"Cruising" en los ciber cafés. En Mérida el "cruising" se ha vuelto una práctica común de ligue entre chicos gays que llegan a la Plaza Grande en busca de un compañero para tener sexo casual y sin ataduras, y acuden a los ciber cafés que ya son identificados por los usuarios.

La actividad del "cruising" es una fantasía sexual tradicionalmente vinculada a la homosexualidad masculina, pero que hoy en día está ampliamente extendida entre las otras orientaciones sexuales. Consiste en entablar relaciones sexuales con personas desconocidas en ambientes públicos o semipúblicos, y la seducción que supone el riesgo de esa práctica en lugares prohibidos.

Algunos jóvenes de la ciudad de Mérida identifican los lugares donde pueden tener sexo sin riesgo a ser descubiertos. "En Mérida puedes encontrar en los ciber cafés a alguien que quiera pasar un momento agradable, y con una vuelta por el zócalo de la ciudad encontrar un compañero gay en la plaza principal".

Al "cruising" se suma el sexoservicio en algunos ciber cafés ubicados en las principales calles del centro de Mérida que son ocupados por los usuarios como una cuestión de ligue y dichos lugares funcionan con módulos privados, en su mayoría las 24 horas.

Diversos medios han dado a conocer que algunos ciber cafés ubicados en el centro histórico son utilizados para mantener relaciones sexuales. (Maribel Fuentes, "Mérida, capital sureña de la prostitución", Periódico virtual *Oro Negro Mi Diario Petrolero*, 6 de octubre de 2014)

Las discos gay

Las primeras discos gay. Mucha aceptación por los colectivos lésbico-gay han tenido las discos gay en Mérida, aunque su apertura en esta ciudad se inicia con dos décadas de retraso, en comparación de su aparición en Estados Unidos desde la segunda mitad de los años 60, y en otras ciudades de México a partir del "boom" de las discos en los años 70, por la gran popularidad que alcanzaron las películas de John Travolta de esos años. Hay que recordar que fue precisamente en una disco gay de donde surgió el movimiento de Stonewall en Los Ángeles, EEUUU, en junio de 1969, que fue el acontecimiento que marcó un parteaguas en la lucha por la no discriminación y contra las razzias policíacas en centros de reunión de homosexuales, y que se celebra en todo el mundo con las Marchas del Orgullo Gay, el último sábado de junio de cada año.

La primera disco gay no clandestina en Mérida fue "Disco Charros", inaugurada a fines de 1984, y se encontraba ubicada en una casona de la calle 60 por 53 del Centro Histórico, a una cuadra del Parque de Santa Lucía. El establecimiento fue abierto por el empresario de centros nocturnos Sr. Marcos Pasos, y fue su encargado un señor de nombre Octavio; lo recuerdo como un señor alto, de lentes, y una persona muy amable con los clientes. En un principio Disco Charros no cobraba admisión; posteriormente, cuando tuvo nueva administración y cambió de nombre al de "La Papaya", se empezó a cobrar el cover.

En "Disco Charros" se presentaba un espectáculo con travestis, encabezado por "La China", "Johana", "Cristina" y "Omara". También se presentó "Ámbar Gay", quien ahora es la vedette transexual "Bárbara Fox". La publicidad de "Disco Charros" se distribuyó en los hoteles del Paseo Montejo y en los parques del Centro Histórico. La imagen que enmarcaba el nombre "Disco Charros" era el bigote de luces que había popularizado la película "Víctor Victoria", de tema gay, que se había proyectado por esos años en cines de Mérida con gran impacto.

Antes de Disco Charros, a finales de los años 70, se abrió una disco gay en una casa de la Colonia García Ginerés, administrada por el empresario Miguel Sabido, aunque según algunas fuentes, este lugar funcionó de forma clandestina. Era una casa que contaba con una gran terraza con piscina, donde se llevaron a cabo presentaciones de las concursantes que participaban en los concursos de belleza travesti, que eran organizados por el Sr. Pepe Farfán y Pompidú. Se presentaba un show travesti con las muy populares aunque pocas artistas travestis de ese entonces. Igualmente, en este espacio se presentó "Ámbar Gay" en su faceta de bailarina travesti, que era muy aplaudida por los asistentes, por el vistoso vestuario que lucía espectacularmente, ya que "Ámbar" era un travesti muy alto.

Discoteca gay "La Papaya", logró mucho éxito y de una reducida ala de la casona, que tenía acceso por la calle 53, se habilitó la totalidad del edifico, ofreciendo a los clientes el acceso por la puerta principal del inmueble sobre la calle 60. Se instaló en el patio central un gran escenario, donde se presentaba un show travesti, y en el bar se ofrecían bebidas como cervezas y cocteles, incluso contaba con una carta, con los diversos cocteles y sus precios.

La gran afluencia de jóvenes a "La Papaya", motivó la apertura de otra disco gay, casi al lado, sobre la calle 60, que primero se llamó "Marea" y luego "Vitrales", ya que las paredes de su fachada eran unos grandes paneles de vidrio. En este espacio, no se presentaban espectáculos travestis, pero según las fuentes, se ofrecía a la clientela la presentación de jóvenes bailarines con poca ropa, incluso "desnudos", por lo que las autoridades, a principios de los años 90, ordenaron el cierre de estos lugares y su traslado a las afueras de la ciudad.

Hay que recordar que antes del traslado definitivo de las discos gay al Periférico, se llevaron a cabo intentos por continuar en espacios céntricos, y se abrieron las discos gay "Fance Disco" en Paseo de Montejo, que posteriormente se llamó Disco Gay "Cholos", y se cerró a causa de un incendio. También se abrió la Disco Gay "La Cucaracha", en un pequeño local en los bajos del Hotel "El Castellano". "La Cucaracha" es una disco gay de antaño recordada por muchas personas, ya que fue objeto de un sinnúmero de comentarios, incluso en la prensa escrita, cuando una madrugada apareció en sus puertas el cadáver de un estimado y conocido joven gay de distinguida familia meridana.

"La Papaya" cambió de nombre al de "Los Amigos" y se corrió una cuadra más al norte sobre la calle 60, para posteriormente, regresar a una casona, siempre sobre la calle 60, frente al primer lugar de "La Papaya", pero con el nuevo nombre de "Kabukis Discoteque". Esta disco fue trasladada frente al Remate de Paseo Montejo en un galerón de techos de láminas de zinc, hasta que se cambió en la Av. Jacinto Canek, casi con Periférico, donde funcionó por casi 10 años, hasta su cierre definitivo en 2002.

En el lugar de "Kabukis" se abrió "Disco Grekos" y más recientemente Disco "Haalk'ab-chá", que funcionaron junto con las discos "Freway" en Periférico carretera a Umán y "Puky Puky", el lugar de "los caballitos". También, gracias al impacto de la película "Milk" se abrió en abril de 2009, una discoteca gay con ese mismo nombre en la carretera a Kanasín con Periférico, misma que fue clausurada en 2011, por encontrarse menores de edad en su interior. Como ya he mencionado, actualmente en 2014, solamente funcionan dos discos gay: "Pride" en la carretera a Kanasín con Periférico, y "Blue-Namú" en Reforma con Colón.

Disco gay para pobres. En 2002, el empresario Sr. Julio Arias abrió la Disco Gay "Scálibur" en la Colonia San Camilo de Kanasín, que tuvo una época de mucho esplendor durante cinco o seis años, hasta su decadencia y cierre definitivo en 2012. La característica de esta disco fue su fama, promovida por los administradores y asistentes de las otras discos, de que era un lugar para gente pobre. Pero no sólo se comentaba que era para personas de escasos recursos, sino aún más, decían que era sólo para "las criadas". De todos modos, el cover que se pagaba en "Scálibur" era igual al de las otras discos, incluso en Scálibur se llegó a pagar derecho de mesa, lo que no se oía en las otras discos.

Disco Gay "Scálibur" en sus buenas épocas presentaba un espectacular show con verdaderos profesionales del arte escénico travesti. Recordamos a la espectacular Neifa Celiana, la primera travesti que se presentó en esa disco, ya que desde su apertura sólo se había presentado "go go dances" o "stripers"; posteriormente se presentaron estrellas como "Everest Show", "Alberto como Lupita Dalessio", "Lucrecia", "Circe Coldwell Ponce", y Guelmy Zavala, todas con espectaculares caracterizaciones que fueron muy aplaudidas y reconocidas por la clientela.

"Scálibur" tenía un majestuoso escenario panorámico tipo teatro, con un telón francés de color rojo, automático, y una espectacular pista giratoria, donde se lucían los artistas travestis y los stripers, que eran contratados en centros nocturnos de otras ciudades de la República, según el propio empresario.

El inmueble que antes fue una esplendorosa disco gay, es ahora en 2013 un lugar de hospedaje, catalogado por muchas personas como hotel de paso, debido a que se encuentra en medio de una colonia muy cerca de los llamados "giros negros" de la carretera a Kanasín.

Srita. Yucatán travesti. Actualmente se anuncia a través de algunos medios de difusión, particularmente en las páginas electrónicas de las discos gays, los concursos de belleza para travestis, como un atractivo para el público que asiste a esos sitios. Pero esto de anunciar y realizar abiertamente los concursos, no siempre fue así, por el contrario; hace 30 años, esos concursos estaban prohibidos y se llevaban a cabo en la clandestinidad, la información era pasada de boca a boca por los organizadores y los interesados, y aunque era una forma arcaica de comunicación, los eventos lograban reunir cientos de personas, especialmente gente del ambiente gay de la ciudad.

Según las fuentes, el primer concurso de travestis se remonta al año de 1976. Pepe Farfán, organizador del evento, relata que un motivo para llevar a cabo el certamen fue la discriminación y el desprecio de la sociedad hacia los homosexuales, para que los gays tuvieran un espacio y dieran a conocer sus puntos de vista, manifestaran sus ideas y reflexionaran sobre su condición de personas diferentes. La idea era invitar a muchas personas del ambiente gay para que asistieran a ver a las concursantes, y para fortalecer la presencia de los homosexuales dentro de la comunidad como personas con derecho a manifestarse, reunirse y expresar libremente su forma de ser y pensar.

El concurso se efectuó en la amplia terraza de una casa de la colonia Melitón Salazar, participando unas diez candidatas, destacando la que se hizo llamar Susana Parra, originaria de Chuburná de Hidalgo, quien obtuvo el título "Srita. Yucatán 1976".

Susana se integró a grupos travestis, como el Fantasy Show de la Toto, en los que destacó por su caracterización de Irma Serrano "La Tigresa", y otras artistas como Lola Beltrán y Amanda Miguel. Asistía a cuanto evento del ambiente gay se le invitaba, a donde hacía acto de presencia como Srita. Yucatán 76, y fue clienta asidua de Disco Charros y La Papaya.

Los concursos en Hunucmá. De acuerdo con algunos relatos, las autoridades policíacas recomendaron a los organizadores de esas concentraciones de homosexuales, que realizaran sus eventos fuera de la ciudad de Mérida, para no ser molestados, y para que la policía no interrumpiera los certámenes, en atención a las quejas de vecinos.

Por esta razón los concursos se empezaron a realizar en localidades afuera de la ciudad, entre las que están la quinta Santa Cruz de Chuburná de Hidalgo y el municipio de Hunucmá. Se tiene noticia que en la quinta de Chuburná se realizaban las presentaciones de las aspirantes al título Srita. Yucatán, y en Hunucmá se llevaban a cabo los concursos, en el restaurant bar y sala de fiestas Río Verde.

Muchos testigos presenciales revelan que entre los organizadores de esos eventos, se encontraba Pompidú, ex bufón oficial del Carnaval de Mérida, hasta su fallecimiento hace algunos años, así como la Toto quien también organizó esos eventos y formó un grupo travesti.

Para fungir como jurado calificador se invitaba a las ganadoras de los concursos anteriores, así como a personalidades muy conocidas del ambiente gay, entre los que figuraron el artista Manito Rey y el diseñador Piti Huertas.

Algunos mencionan que aunque los concursos se celebraban fuera de Mérida, la sensación de que en el evento podía caer una razzia, era inherente en quienes asistían, y mucho más en las concursantes que se arriesgaban a ser detenidas por la policía.

Algunos asistentes a esos eventos recuerdan que muchos llegaban en automóviles, en grupos, pero también otros tantos se transportaban en el autobús que salía de la terminal de la calle 50 por 67, por San Cristóbal. Y es el comentario que al terminar los concursos, muchos de los asistentes se subían en el primer camión a Mérida, que venía lleno y atascado de gente que viajaba parada, a las cinco de la mañana, junto con las concursantes vestidos de mujeres, con sus modelos de lentejuelas y luces, lo que contrastaba con los hipiles y los huacales de verduras de las mestizas que a esa hora se trasladaban a Mérida para vender sus productos en el mercado meridano Lucas de Gálvez.

Los concursos travestis en las discos. Durante la década de los 90, los eventos travestis fueron monopolizados por la discoteca Kabukis, en los tres locales en que funcionó, primero en la 60 por 53 por Santa Lucía, en el Remate de Montejo por Santa Ana, y por último en la Avenida Jacinto Canek. Aquí se efectuaban certámenes como Señorita Primavera, Nuestra Belleza, Talento Travesti, Señorita Verano, entre los más comentados.

Igualmente se elegía mediante un concurso a la Reina del Carnaval de esa disco. Al cierre de Kabukis, y la apertura de Grecos, Freway, Pride y Scálibur, se continuó con la tradición de que cada una de esas discos realizara un concurso de travestis para nombrar a su reina del Carnaval.

En la actualidad, año de 2014, funcionan sólo dos discos gay: "Pride" y "Blue-Namú", en las que se efectúan certámenes de travestis, donde se convoca a los jóvenes travestis a participar en certámenes como Nuestra Belleza, Revelación Travesti, Señorita Primavera, etc. Además y para incluir a las travestis veteranas y gorditas, han ideado los certámenes Sra. México y Sra. Tentación, y más recientemente Nuestra Belleza Gay Plus.

Antiguamente se ofrecía premios en efectivo a las ganadoras, además de la oportunidad de viajar a la Ciudad de México para participar en los eventos nacionales de travestis que organizan Carlos y Meche en su disco "Maraka" del Distrito Federal. Este ofrecimiento, según las concursantes ganadoras no se les cumplía. Igualmente, se ofrecía que las ganadoras serán contratadas para trabajar por un tiempo eventual en las discos organizadoras, pero tampoco este ofrecimiento les era cumplido. También, se anunciaba una noche especial para la presentación de travestis aficionados, para que los interesados preparen su vestuario, ensayen a la artista que desean caracterizar y presenten su número, desde luego sin ningún pago.

Es importante señalar que en los certámenes travestis de antaño, los organizadores eran gays y el público que asistía eran jóvenes del ambiente gay, sujetos de la represión policiaca. En la actualidad, los eventos se realizan con toda libertad en las discos gays, sin peligro de que caiga la policía y en esos certámenes pueden asistir, como de hecho asisten, madres, padres y familiares de las concursantes.

Acerca de los espectáculos y los concursos de belleza travesti en la ciudad de Mérida, recomiendo el libro, del que soy autor,

Travestis, Transgéneros y Transexuales, editado por el Ayuntamiento de Mérida en 2008, en el que presento un amplio panorama sobre el surgimiento, las figuras y los ballets travestis que lograron mucho éxito en Mérida.

Divididos los concursos de travestis. Desde el año 2000 se gestó una división en la organización de los concursos de belleza travesti, debido a que a las ganadoras se les ofrecía como premio un viaje a la ciudad de México para participar en el Certamen Nacional "Srita México Travesti", pero este ofrecimiento nunca se cumplía. Desde los años 70 se celebra en la Discoteca "Maraka", de los ya fallecidos empresarios Carlos y Meche, el evento Srita México Gay. Estos organizadores, que fueron un matrimonio muy estimado en el ambiente gay del Distrito Federal, organizaban estos eventos y convocaban a participantes de toda la República. Actualmente sus hijos continúan con la organización de estos certámenes. Tenemos noticia que una de las ganadoras más célebres de esos eventos fue el campechano "Francis", que después de este premio saltó a la fama integrándose a ballets travestis, y estuvo en una larga temporada en esta ciudad de Mérida, en el centro nocturno "Tropicana" frente al Estadio Salvador Alvarado, integrado al ballet "Las Funny Grils", hasta que se desligó del grupo para marcharse a la ciudad de México donde desarrolló su carrera con un grupo de travestis que recorrieron toda la República y ciudades de Estados Unidos, hasta su fallecimiento en octubre de 2007.

Esto de prometer el premio de un viaje, se inició cuando los concursos se empezaron a celebrar en las discos gay. Antes de esos eventos en las discos, los concursos se efectuaban en los pueblos y en salas de fiestas en la clandestinidad, y algunos concursos fueron intervenidos por la policía, por medio de las famosas razzias, y concursantes y asistentes eran llevados a la cárcel.

Otro grupo de organizadores de eventos gay surgió paralelo a los empresarios de las discotecas con el fin de hacer efectivo el premio de apoyar a la ganadora a asistir a la ciudad de México para representar a Yucatán en el evento nacional. Sin embargo, la situación no era tan simple, ya que según los organizadores de los concursos en las discos, aseguraban que tenían la "patente" de Carlos y Meche. Esto quería decir que no cualquier representante travesti podía concursar en México, sino solamente las ganadoras que llegaran con una carta de envío, de la persona que había concertado llevar a cabo un concurso en Yucatán, con la finalidad de enviar a la ganadora al evento de Carlos y Meche.

Esto dificultaba hacer efectivo el premio de los concursos alternos. De todos modos, además de los que se realizaban en las discos, se llevaban a cabo un sinnúmero de concursos en locales rentados, entre los que estaban el Sindicato de Alarifes por el rumbo del Centenario, y en el Sindicato de Henequeneros, en el Centro, y más recientemente en la Sala de Fiestas Condesa por el rumbo de la Glorieta a Pedro Infante. Algunos fueron suspendidos por la policía y otros terminaron en verdaderas batallas campales, al enfrentarse a golpes seguidores de las concursantes, al darse a conocer el veredicto final, y considerar, los bandos contarios, que el resultado había sido un fraude.

Por más de veinte años ninguna representante de Yucatán salida de un concurso local había asistido a la ciudad de México para participar en los eventos de Carlos y Meche. Se tiene noticia que alguna representante de Yucatán participaba en esos eventos, pero eran travestis yucatecos residentes en la ciudad de México pero no ganadores de los eventos locales.

De buenas fuentes se ha conocido que los organizadores de las discos, otorgaban el salvoconducto para la ganadora, siempre y cuando la interesada corriera con sus gastos de traslado y hospedaje, como lo hizo en 2002, la ganadora "Modelo del Año" Karla Adriana Torres Ortegón, quien logró un destacado lugar en el Certamen Nacional, y obtuvo el Premio al Mejor Traje Típico Regional, portando un hermoso terno yucateco.

Es precisamente Karla Adriana Torres Ortegón, quien más recientemente, desde 2011, lleva a cabo la organización del Concurso Srita México Gay de Carlos y Meche, y se ha confirmado que en dos años consecutivos ha apoyado con boletos vía aérea, a las ganadoras en los certámenes locales para que viajen a México al certamen nacional en la disco "Maraka".

Como he mencionado, Carlos y Meche ya fallecieron, y los concursos son organizados por sus hijos. Se ha informado que a raíz de ese cambio, surgió en el Distrito Federal la asociación Producciones CEGA, otra organización para promover los eventos de travestis. Se informó a través del Facebook en 2013 que los eventos nacionales de CEGA en la capital de la República se efectúan en la discoteca "Hysteria" de la ciudad de México. A nivel local tres organizaciones dieron a conocer en las redes sociales que "trabajan para dignificar el papel de las reinas de nuestra comunidad. Yucatán tendrá un digno concurso, cuyas representantes además de representar a Yucatán en el certamen nacional de Producciones CEGA que además apoyaran a la comunidad con proyectos sociales". Las tres asociaciones son Miss Universo México Gay (MUM), Cega Producciones y Bellezas del Transformismo en Yucatán" (CEGA Producciones, página de Facebook, consultada en agosto de 2013).

La agrupación organizadora de eventos travestis Mis Universo México (MUM), lleva cabo concursos de belleza gay, realizándolos no sólo en las discotecas, sino también en teatros y salones de recepciones sociales, como lo han manifestado "fuera de los antros", aunque la mayoría de estos eventos se realizan en esos "antros".

Esta agrupación señala que uno de los principales requisitos que se pide a las concursantes, es que no deben estar tomando ningún tratamiento hormonal y tampoco tener prótesis de bustos ni caderas, ya que lo que se apoya en sus concursos es la transformación travesti y no la transgeneridad. Mencionan que sería otro rubro en el que podrían participar las interesadas, aunque MUM aclara que hasta 2014 no ha organizado eventos para la participación de transgéneros, pero están abiertos a esta posibilidad. MUM ha presentado sus eventos en el Teatro "Carlos Acereto" por el rumbo del Chembech y han anunciado en 2014 que presentarán un magno evento de competencia travesti en el Teatro "Armando Manzanero", con vistas a un evento de talla nacional e internacional en el que participaría el travesti ganador. Hasta diciembre de 2014 ningún concurso de travestis se ha llevado a cabo en el Teatro Armando Manzanero.

Lugares gay en 2014. En 2014, en Mérida funcionan dos discos gay: "Blue-Namú", en la Av. Colón con Reforma; "Pride Milk" en la carretera a Kanasín, a cien metros del puente de Periférico. En septiembre de 2013 se abrió una disco gay llamada "Sexy's Club", bajo el puente de San Pedro Noh Pat, que se anunció como empresa proveniente de la ciudad de Cancún, donde residía su casa matriz, pero sólo estuvo funcionando escasos dos meses y ofrecía espectáculos de travestis y strappers, similares a los otras dos discotecas gays.

En el año de 2012, se abrió "Olympus", en la calle 52 por 65 y 67 del Centro, un sitio con servicio de spa y baño de vapor, dirigido a toda la sociedad pero especialmente a la comunidad gay. Se anunciaba, para eventos especiales, pero se aclaraba que no se vendía alcohol, aunque no se prohíbe a quien lo desee llevar sus bebidas y sus botanas. Este baño de vapor Olimpus cerró sus puertas en el presente año de 2014. Asimismo, desde 2011, funciona "La Caza Vapor", un establecimiento ubicado en la Avenida 50, cerca de Xmatkuil. Se ofrece servicio de spa, masajes y baño de vapor especialmente para la comunidad gay.

En el giro de cantina, es muy famoso entre muchos gays el "Bar Jorges", mismo que antiguamente se llamaba "Bar Imperial", ubicado en la calle 63 por 54 y 56 Centro, al lado de Gran Chapur Centro, un sitio que se ha vuelto tradicional para quienes gustan de tomar cerveza con posibilidad de ligar. Pero este sitio no es una discoteca, sino una cantina que durante muchos años ha sido un centro de reunión de gays por la tarde y noche.

Recientemente en 2013 se abrieron dos bares nocturnos gay por el rumbo del sur, aunque no tan alejados del Centro. Estos son los bares: El Arrimón, ubicado en la calle 42 entre 77 y 79; y la Cueva del Venado, en calle 46 por 83 y 87 Col. Santa Rosa. En ambos establecimiento se ofrece promociones en el consumo de cervezas y bebidas nacionales, y se presenta show travesti y de stripers. Los horarios son de 7:00 pm a 2:00 am.

Represión y explotación económica de la diversidad de género. Creo que en este apartado puedo incluir algunos comentarios de personas respecto de la evolución que han tenido los espacios dirigidos a los gays. Primero, los lugares ocupados por las discos gays en el Centro Histórico hace 30 años, actualmente han cambiado a las afueras de la ciudad, detrás del anillo periférico, donde se han registrado asaltos, agresiones y recientemente una muerte por atropellamiento de un joven travesti al salir de la disco; y segundo, al comparar los precios que se cobra en estas discos, con los de Cancún y Veracruz, por ejemplo, mencionan que son muy elevados, ya que en Mérida la entrada normalmente es de 80 a 100 pesos y en eventos especiales, puede llegar a más de 200 pesos, cuando en las ciudades mencionadas no se cobra por entrar, y en las que ponen cover éste es de 30 pesos. Aquí se vende una cerveza en 50 pesos, y en el Distrito Federal el mismo producto en un bar de este tipo está en 20 pesos. En un anuncio por la red, en la página electrónica del periódico *Por Esto!*, durante el mes de junio de 2007, un empresario de nombre Carlos, solicitaba un socio capitalista con 15 millones de pesos para abrir otra disco gay, diciendo que en la ciudad solamente hay tres, y la inversión es muy redituable, asegurándole ganancias limpias, al socio, aparte las del mismo coinversionista, por más de cien mil pesos semanales.

Hasta en los años 80, las empresas con el giro de bares y centros nocturnos donde se presentaban espectáculos travestis, pagaban cotizaciones a la ANDA para la Seguridad Social de los artistas. Actualmente los artistas travestis no cuentan con esta prestación social de la ANDA, y tampoco son considerados trabajadores de las empresas donde laboran, por lo tanto, no cuentan con ninguna prestación social.

Lo que vemos es que la capacidad instalada de oferta de espacios de socialización hacia la población de la diversidad genérica ha sido rebasada por el mercantilismo, que ofrece a los jóvenes expresar libremente su sexualidad, siempre y cuando tengan una cerveza en una mano y un cigarro en la otra.

Parecería que el tema de la explotación económica, no es materia de este trabajo periodístico, pero el contexto de las discos gays en la actualidad, pueden ser un ejemplo de la nueva represión, sin razzias, a las expresiones de la diversidad genérica, que ha convertido a la sexualidad de muchos jóvenes, en algo vergonzoso que debe ser proscrito a las afueras de la ciudad y en un bien suntuario, a lo que sólo se puede acceder si se cuenta con mucho dinero.

Peligros de la discriminación

Ser gay en un medio prejuicioso y discriminatorio, como el que se presenta en la ciudad de Mérida y en general en todo el estado y la región, predispone y arriesga, principalmente a los jóvenes, hombres y mujeres, con orientaciones sexo-genéricas diferentes a la heterosexual, a una serie de peligros, desde el desprecio y el insulto, pasando por la explotación económica, por medio de la promoción al consumo de alcohol y drogas, hasta las más indignantes manifestaciones del repudio, como las agresiones físicas, el asalto y los crímenes de odio por homofobia.

Posible alcohol adulterado y drogas en las antiguas discos gay de Mérida. Las opciones de diversión y esparcimiento dirigidas a los colectivos lésbico-gay, se relacionan por lo general con la promoción al consumo de alcohol. Se ha encasillado a los críticos de esta situación en el moralismo, con el argumento de que todas las personas están en libertad de gastar su dinero en lo que deseen y que supuestamente la gran generalidad de los gays gustan de beber alcohol. Asimismo, lo que han señalado esas personas tachadas de moralistas, es que son muy pocas las opciones para los jóvenes gays en las que puedan participar, para su diversión y entretenimiento, y que no estén ligadas al consumo de alcohol a elevados precios.

Lo que se aprecia es que la expresión de la cultura homosexual está relegada sólo a los administradores de empresas del ramo de los llamados "giros negros", vinculadas a distribuidores de grandes volúmenes de alcohol y la trata de personas, esto último considerado un delito en la legislación actual.

De buenas fuentes se ha conocido que los locales en los que funcionaron algunas de las primeras discos gay en Mérida, eran propiedad de la familia Chalé, y de acuerdo con diversas fuentes documentales, los Chalé tienen un penoso historial delictivo, relacionado precisamente con los cabarets y centros nocturnos de la ciudad de Mérida.

En marzo de 2009 se dio a conocer por medio de la prensa la integración de la agrupación "Centros Nocturnos, Cabarets y Night Club" AC, que presidió Juan Carlos Herrera Chalé (a) "Calín". Entre los negocios que integraron esa agrupación estaban los bares gay "Pride", "Angelus" y "Haal'Kab'Chá".

La directiva manifestó que su integración tenía por objetivo defenderse de la extorsión de que eran víctimas por parte de los agentes federales asignados a las Fuerzas especiales de Apoyo y de la Agencia Federal de Investigación (AFI), de la

Secretaría de Seguridad Pública y de la Procuraduría General de la República.

El presidente Juan Carlos Herrera Chalé indicó que todos los dueños y arrendatarios deben advertir al personal, meseros, barman, bailarinas y cerillos, que eviten distribuir o vender drogas en el interior de los centros, pues de lo contario podrían tener problemas para seguir en el trabajo (Jaime Vargas. "Se organizan para defenderse de extorsión federal", en *Por Esto!*, jueves 19 de marzo 2009).

A raíz de los acontecimientos del 4 de julio de 2011, por las inconformidades por la construcción del túnel en la Glorieta de Prolongación Paseo de Montejo, donde los manifestantes acusaron a Juan Carlos Herrera Chalé "Calín", como el principal agresor contra los inconformes, el periódico electrónico *Artículo 7*, publicó la siguiente información:

"Por la gravedad de los acontecimientos, damos a conocer la historia de Carlos Herrera Chalé, cabeza visible del cártel de los Chalé, quien regentea varios giros negros relacionados con prostitución, tráfico de alcohol y drogas, ubicados al poniente de la ciudad, por rumbo del Periférico, lo mismo que gran cantidad de agencias de cerveza, que gozan de abierta protección de los elementos de la Secretaría de Seguridad Pública.

La cabeza original del cártel fue Carlos (a) "el Calvo" Chalé, cuyo progenitor fue un reconocido activista del PRI como líder del poderoso gremio de los matarifes del rastro de San Sebastián y que durante todo el cerverato se constituyó en el zar de la fabricación y distribución de licor adulterado en esta ciudad y el estado, situación que se prolongó por muchos años, sin que nunca fuera molestado por la policía o por las autoridades de salubridad. Su posición fue ocupada después de su muerte, por su hermano Juan y su hermana Ernestina Chalé Palomo, pero la ambición de un hijo del Calvo, de nombre Manuel Chalé Martínez, mejor conocido como "el Negro"

Chalé, provocó una confrontación entre capos que hasta ahora ha causado varios decesos.

Manuel (a) el Negro Chalé, actualmente se encuentra recluido en el CERESO de Mérida desde donde sigue operando. Se sabe que guarda estrecha relación con el tráfico de estupefacientes y con delitos vinculados a la trata de personas y con la mafia cubana en el estado, responsable de varios asesinatos. Se asegura que juró dar muerte a su tío Juan Carlos Chalé Palomo por constituirse en su competidor. Finalmente asesina a éste de dos balazos, un borrachín conocido por esos rumbos como la Urraca, que curiosamente, a los dos días apareció muerto.

Ante el asesinato de su tío Juan Carlos Chalé Palomo, es precisamente Juan Carlos Herrera Chalé, (hijo de Ernestina Chalé) quien se quedó al frente del cartel y cuya novel trayectoria incluye su ingreso al penal por el robo de una caja fuerte de una oficina de la Ciudad Industrial, hace unos años. Es ampliamente conocida su intensa actividad en giros negros que se registra en varios antros, ubicados en el Periférico y otros puntos de la ciudad" (Anónimo, "De la dinastía de los Chalé, el líder de los golpeadores", *Artículo 7*, página electrónica miércoles 6 de julio de 2011).

Otro acontecimiento delictivo protagonizado por un miembro de la familia Chalé, fue el publicado por los medios locales en agosto de 2011, en el que estuvo involucrada una hermana de "El Negro" Chalé. Una nota relata lo siguiente:

"María José Chalé Martínez, hermana del narcotraficante y asesino Manuel Jesús (a) "El Negro" Chalé Martínez, y Russel Fernando Canul Garza, de 26 y 28 años de edad respectivamente, fueron detenidos por elementos de la Secretaría de Seguridad Pública, la fémina por pagar con billetes falsos y el sujeto por entorpecer la labor de la policía, y remitidos a la Procuraduría General de la República.

Un ventero de papas fritas en el parque de San Sebastián pidió ayuda a una patrulla debido a que una mujer le había pagado con un billete falso. Los uniformados se dieron cuenta de que la fémina está en estado inconveniente y cuando los policías la cuestionaron respecto al billete les dijo "calma poli, tengo para tus chicles, ahorita le pago las papas al don y a la chingada".

Cabe señalar que María José tiene dos ingresos por robo a tiendas departamentales. Posteriormente los dos detenidos y los cuatro billetes de 100 pesos falsos fueron puestos a disposición del al Procuraduría General de la República" (Fernando Poo Hurtado, "Detenida es hermana de "El Negro" Chalé", en *Por Esto!*, martes 16 de agosto de 2011).

Detienen a un travesti con posesión de drogas. En junio de 2003, el impactante acontecimiento de la detención del travesti "Nani Namú" con posesión de drogas, dio pie a infinidad de revelaciones que circularon de boca en boca en relación a las discos gay. Una de las más señaladas fue que el local de la Avenida Jacinto Canek, donde funcionó por diez años la famosa Discoteca Gay "Kabukis", como única disco gay sin competencia en la ciudad de Mérida, era propiedad de la familia Chalé. Igualmente se daba a conocer que el local de "Los Caballitos" en el Periférico con carretera a Campeche, donde funcionó por muchos años la disco gay "Pride", también era propiedad de la familia Chalé.

Cuando se registró la detención de Nani Namú, el local de "Kabukis" de la Avenida Canek había cambiado de nombre y se llamaba disco gay "Grekos", donde habían trabajado como estelares del show los travestis Mammie Blue y Nani Namú. Estos travestis habían decidido separarse de la empresa "Grekos", administrada por los Chalé, y aceptar el contrato de la disco gay "Free Way" donde les ofrecieron un mejor pago por su show.

En este contexto la prensa dio a conocer lo siguiente:

"Elementos de la Agencia Federal de Investigaciones (AFI) de la PGR Yucatán, detuvieron a las afueras de una discoteca a Hernán Gabriel Novelo Ávila (a) "El Nanis" por posesión de droga.

El operativo para la detención de "El Nanis" se realizó después de que la PGR recibió una llamada anónima, según la cual en las afueras de la discoteca "Free Way", ubicada a la salida del municipio de Umán, un sujeto que siempre llegaba a bordo de un Volkswagen Sedán vendía cocaína.

Con base en esa afirmación los agentes se trasladaron hasta esa discoteca donde estuvieron vigilando el lugar un par de horas hasta que como a las 12:20 horas llegó un sujeto a bordo de un vehículo como el descrito, con placas de circulación YWU3783 y las características físicas del supuesto vendedor de droga.

Los elementos de la AFI de inmediato lo interceptaron y al revisar su vehículo, encontraron que en la tapa de la puerta del capirote había dos bolsas de chocolates de la marca Hershey, en cuyo interior estaban 15 pequeñas bolsas de cocaína y 15 de un líquido aceitoso de color amarillento, al parecer algún tipo de droga no especificada.

Hernán Gabriel Novelo Ávila (a) "El Nanis" quedó a disposición del Ministerio Público de la Federación para los trámites de rigor" (Martha Chan, "Lo detienen por posesión de droga", en *Por Esto*, sábado 14 de junio de 2003).

Empresario de discos gay víctima de robo. Uno de las más conocidos empresarios de las primeras discos gay de la ciudad de Mérida, Sr. Roger Ruiz Sosa (a) "Litos", ya fallecido, fue víctima de robo en varias ocasiones por sexoservidores especialistas en atracos a homosexuales. En el periódico *De Peso*, en abril de 2007, se dio a conocer la siguiente nota:

"Por andar de "choco it" (culo caliente), el conocido homosexual Roger Ruiz Sosa (a) "Litos", de nueva cuenta le robaron su vehículo y dinero en efectivo, luego de que dos de sus novios lo ataran y amordazaran en el interior de su domicilio. Los hechos delictivos se registraron en el interior del predio número 205 de la calle 58 por 51 de la colonia Hidalgo. Los jóvenes, presumiblemente de nombres Adán Polanco y José Godoy, llegaron a la casa de la víctima y le pidieron dinero; como les dijo que no contaba con efectivo, surgió la discusión, los sujetos lo amordazaron y ataron de pies y manos, para luego despojar a "Litos" de ocho mil pesos en efectivo.

Los sujetos no se conformaron y tomaron el vehículo Jetta color negro placas YXB6291, y huyeron con rumbo desconocido. Antes de que muriera asfixiado, el afectado se soltó de sus ataduras y dio parte a las autoridades. Las investigaciones llevaron a los agentes a ir a la casa de uno de los sujetos, donde se entrevistaron con la madre del mismo, y ésta reportó que no sabe nada de su hijo desde hace meses" (Anónimo. "Puyul" es víctima de robo, en *De Peso*, 24 de abril de 2007).

De fuentes cercanas al este acontecimiento se conoció que los asaltantes fueron detenidos cuando quisieron evadirse con el vehículo robado en la garita de la carretera a Campeche. Al ser capturados se les ocupó el vehículo, dinero en efectivo, y una bolsa con cocaína, que los sexoservidores aseguraron que habían sustraído de la casa de "Litos".

El empresario Roger Ruiz Sosa, fue muy distinguido en los círculos gays de Mérida, y se le recuerda porque en sociedad con otros empresarios fue pionero de los centros de entretenimiento y diversión para los colectivos lésbico-gay en Mérida. Según algunas personas cercanas a sus actividades, "Litos" entró en una mala racha, decayó económicamente y se enfermó de un padecimiento del que no se recuperó hasta su fallecimiento en 2010, a los 65 años de edad. Estas mismas personas afirman que la hospitalización, sepelio y entierro de "Litos" fue pagado, de manera humanitaria, por la familia Chalé, con quienes había tenido relaciones económicas y empresariales.

Detienen a striper con un cargamento de mariguana.
"La patrulla 2033 del sector oriente se percataron que un Golf sólo tenía la placa trasera YZR-5564 y circulaba a exceso de

velocidad por lo que fue interceptado en el cruce de la carretera a Valladolid con Periférico, con el apoyo de otras unidades policíacas.

El chofer dijo llamarse Héctor Antonio Chan González (a) "Ratón", quien al ser interrogado por los policías señaló que carecía de la placa delantera porque hace unos días estuvo involucrado en un accidente de tránsito, pero también indicó que no tenía la tarjeta de circulación del vehículo.

Chan González señaló a los policías que no lo detuvieran y que tampoco le decomisaran el automóvil, pues a cambio primero les ofreció 500 pesos y luego mil pesos de gratificación, ya que era striper y que si era arrestado saldría perjudicado. A petición de los uniformados, este individuo descendió del automóvil, pero trató de ocultar una bolsa negra que llevaba sobre el freno de mano, por lo que al revisarla los agentes encontraron 47 bolsitas con dosis de mariguana.

Este individuo fue arrestado y tras los trámites de rigor en las instalaciones de la SSP, fue turnado a la Agencia del Ministerio Público especializada en narcomenudeo" (Anónimo. Striper y Botija tras las rejas, en *De Peso*, viernes 14 de octubre de 2011).

Muertos a las puertas de las discos gay. Cómo he abordado en el apartado correspondiente a las discos, los jóvenes gays son relegados para su diversión y entretenimiento hasta las afueras de la ciudad, en sectores de los "giros negros", cuando en el Centro Histórico de la ciudad existen muchas discotecas y bares, pero ninguno dirigido expresamente a los colectivos LGBT. Hasta el año 2001, se abrió una disco gay en la céntrica Avenida Colón con Reforma, pero muchas personas han manifestado que se volvió un centro accesible sólo para gays de altos ingresos, debido a los precios que se imponían en ese negocio.

Además de los altos costos que deben pagar los jóvenes gays por un servicio considerado de lujo, cuando la expresión de la sexualidad es una necesidad básica del ser humano, se suma a la explotación económica los alejados espacios en los que se ha autorizado el establecimiento de bares gay, en las orillas del Periférico, donde es común el tránsito de miles de vehículos y trasportes pesados a altas velocidades. Por esta circunstancia se han registrado muchos accidentes de gays en sus vehículos cuando salían de estos centros, pero también han sucedido lamentables atropellamientos en los que han resultado muertos al menos dos personas que se retiraban por la madrugada de estos bares gay.

Triste fin de Jessica. "Un travesti, que usaba como nombre de batalla el de Jessica, salió tan borracho y enojado de la disco Pride que al intentar cruzar el puente de Umán en el Periférico acabó muerto al ser atropellado por un automóvil fantasma.

En la madrugada de ayer, Andrés Hernández Balbino, después de haber tomado hartos tragos en esa disco, tuvo una riña con su pareja, por lo que se enfiló sobre el Periférico hasta llegar a la altura del puente de Umán que a Mérida.

Tan briago estaba, que al cruzar la carretera no se fijó que un coche se aproximaba a toda velocidad y le dio un llegue que lo mandó a volar por los aires, aporreando su humanidad en el duro pavimento.

Aunque las ambulancias que acudieron al sitio trasladaron al Hospital O'Horán a Andrés, los médicos informaron de su fallecimiento alrededor de las cinco de la mañana debido a las serias lesiones que sufrió" (Anónimo. Triste fin de Jessica, en *De Peso*, lunes 2 de abril de 2007).

Muere atropellada una mujer frente a "Milk". "La joven Jania Anahí Balam Campos, falleció al ser brutalmente arrollada por un auto ayer alrededor de las 4:35 horas de la madrugada. Dicho accidente tuvo lugar en el kilómetro 1.5 de la carretera federal Mérida-Valladolid, a la altura del bar gay "Milk". La ahora occisa no portaba identificación alguna, pero se averiguó que vivía en la colonia San Carlos del Sur en Mérida.

Una persona de sexo femenino que llegó al lugar dijo no conocerla, pero no se separaba del cadáver. La ahora occisa quedó tirada en el pavimento, luego de ser arrastrada unos 20 metros. La infortunada joven era de tez morena, pelo largo, de 1.60 mts de estatura, vestía blusa color roja, pantalón de mezclilla azul y sandalias color rosa.

Cabe mencionar que la joven caminaba a un costado de la carretera donde un vehículo que transitaba hacia Mérida, al parecer un automóvil Courier, pasó y la arrolló, dándose a la fuga la persona responsable del accidente. A lugar arribaron una unidad de la SSP, así como las unidades de la FGE, el Semefo, servicios periciales y policía judicial" (Joaquín Zarza. Perece adolescente en la Mérida-Valladolid, en *Por Esto!*, 8 de julio de 2011).

Jóvenes gays y el síndrome de la dependencia al alcohol. La tradición del consumo de alcohol en Yucatán está muy enraizada desde hace muchos ayeres, y es estimulada por las grandes y agresivas campañas publicitarias de inducción a la ingesta de alcohol, por todos los medios de comunicación, relacionando la práctica de beber alcohol con el éxito y la felicidad.

El alcohol es un estimulante que tiene mucha aceptación en la generalidad de personas, en todas las culturas y en todos los tiempos. Sin embargo, la adicción a tomar alcohol puede desarrollar en los seres humanos una enfermedad conocida como "síndrome de dependencia al alcohol", que es una afección que se produce en el organismo cuando se rebasan los límites en la ingesta del alcohol y se convierte éste en un compuesto indispensable para sentirse en bienestar física y emocional. Esta dependencia al alcohol produce desequilibrios en el funcionamiento de los órganos vitales, como el hígado, los riñones y sistema nervioso, deteriorándolos, hasta causar la muerte a las personas.

Recuerdo que hace algunos años, un programa del Gobierno de apoyo a los campesinos cada mes distribuía miles de pesos a los productores rurales. Sin embargo, las esposas y familias de los beneficiados en ese programa, solicitaron que los días de pago sean declarados "estado seco", ya que el dinero que se pagaba a los campesinos terminaba en las arcas de las cantinas de los pueblos, que en aquellos tiempos esos giros habían proliferado en los municipios de Yucatán.

Obviamente que los dueños de las cantinas y los centros nocturnos, señalaron que se debía dejar en libertad a los beneficiados del programa para gastar su dinero en lo que deseen, ya que cada quien es libre de usar su dinero, que ha ganado con su esfuerzo y su trabajo, de la manera que juzgue más conveniente y que nadie debe regir la moralidad de las personas. De todos modos el Gobierno del Estado reglamentó que los días de pago en los pueblos las cantinas debían estar cerradas, para evitar que los recursos que venían de un programa social, pasase a manos de los cantineros y de las compañías cerveceras.

Quise mencionar este pasaje de la historia reciente de Yucatán, para desarrollar este inciso dentro del apartado de los Peligros de la Discriminación. Todo el mundo sabe que el alcohol es inocuo, es decir que no causa ninguna afección nociva a las personas, pero la gran generalidad de eventos y sitios dirigidos a los gays están relacionados con la promoción a la ingesta de alcohol, además a precios que sólo pueden pagar algunos sectores.

Lo que hemos visto, es la tendencia de los bares gays a la explotación económica de los jóvenes que al pagar elevados precios, asumen que el servicio que se les brindan es de lujo. Lo que se aprecia es que la diversión para gays es un bien suntuario, cuando el esparcimiento y la diversión, seas gay o no seas gay, son un bien de primera necesidad y no debe ser considerado un lujo por quienes ofrecen ese servicio, ni por quienes lo requieren.

Pero no termina aquí el asunto para la obtención de grandes ganancias por medio de la venta de alcohol, ya que los administradores de los centros nocturnos, entre éstos los bares gays, disponen un pago adicional para los empleados y empleadas que motiven o promuevan el consumo de la mayor cantidad de alcohol entre la clientela. Se ofrecen las llamadas "fichas", que consisten en la posibilidad de que el cliente invite a un striper o una travesti, a sentarse a tomar una copa, solamente que la copa de "ficha" para el striper cuesta el triple de lo que cuesta una copa normal para el cliente.

Por ejemplo, si un cliente pide una copa para sí mismo le cuesta 50 pesos, pero si esa misma copa la pide para un striper y que éste se siente a tomarla en su mesa, el precio de esta copa será de 150 pesos, ya que el striper recibe un porcentaje por esta "ficha" y la casa obtiene el porcentaje mayor, adicional a la ganancia por la venta de la copa. Un negocio ampliamente redituable para las llamadas empresas de los "giros negros".

Un striper atractivo o una travesti bonita, pueden ser muy solicitados como compañía en los bares gay, para promover el mayor consumo de alcohol entre la clientela, con el consabido consumo de alcohol por sus "fichas", lo que les resulta al final de la noche en un buen ingreso en dinero, pero también una buena ingesta de alcohol, terminando ebrios todas las noches.

El síndrome de dependencia al alcohol es paulatino y el individuo cae en la cuenta de que puede estarlo padeciendo cuando ya no puede dejar de tomar alcohol y se vuelve bebedor consuetudinario. El peligro de ser bello o bella y caer en manos de los tratantes de personas, que presionan por la venta de alcohol, para obtener grandes ganancias, ha ocasionado tristes desenlaces acabando con la vida de jóvenes, casi adolescentes, que cayeron en el alcoholismo, a causa de su atractivo físico que les dio a ganar mucho dinero.

Un atractivo joven de 20 años de edad, Damián Fernando Hernández Góngora, murió al estrellarse con su motocicleta que conducía en estado de ebriedad a exceso de velocidad. El joven, que se hacía llamar "Daniel", había revelado a su familia que trabajaba como striper en un bar gay, y que para ganar más dinero el administrador del antro, le exigía a los stripers a promover las "fichas" de cerveza y copas de licor con los clientes. Familiares del desafortunado striper, señalaron que empezaron a notar que este joven llegaba ebrio todas las madrugadas, y por las tardes, a través del teléfono, era solicitado como acompañante por clientes del bar donde trabajaba. Dijeron que manejaba mucho dinero para su corta edad, y constantemente compraba ropa de las mejores marcas y alhajas, hasta que compró una motocicleta de lujo, con la que paseaba con su novia y sus amigos.

La familia le había recomendado que no se aficionara tanto al consumo de alcohol, debido a que sin darse cuenta, podía volverse alcohólico y no poder dejar de tomar, lo que le ocasionaría males en su organismo, incluso le aconsejaron que dejara el trabajo nocturno y buscara un empleo de día, ya que no es lo mismo dormir de día que dormir de noche, según le advirtieron. Pero notaron que aumentó su afición al alcohol, y aunque no estuviera de acompañante de algún cliente y aunque fueran días de descanso del centro nocturno, iba a comprar cervezas y una botella de ron, para consumirla él solo, si nadie aceptaba su invitación a tomar con él (*Por Esto!*, 28 de octubre de 2012).

Los "Poppers". Empezaba la década de los 90 cuando se propagó en el ambiente gay de Mérida la práctica subterránea de inhalar los llamados "Poppers", una sustancia con olor parecido al del thiner, que supuestamente produce euforia y exitación al momento de inhalarlo y ese estado es de poca duración.

Según se averiguó, el Popper era un producto fabricado en Estados Unidos y llegó a Mérida a través de personas que realizaban viajes por cuestiones laborales, trayendo en su equipaje un cargamento de esa mercancía. Los Poppers eran unos frascos pequeños de vidrio oscuro, de taparrosca y tamaño similar al de las botellitas de shampú que regalan en los hoteles, de fácil trasportación en los bolsillos del pantalón.

Las personas que los vendían, decían que estaban muy de moda en las discos gay de Estados Unidos. Aseguraban que aumentan la sensación de placer al momento de un acto sexual, no necesariamente penetración, sino que el sexo oral y el frotamiento de cuerpos, podían ser más placenteros con el uso de Poppers.

Es posible que esto fuera cierto, pero para mí el Popper, en la única ocasión que lo inhalé hace 30 años, me causó una sensación de aumento de temperatura, mareo nauseabundo y un horrible dolor de cabeza que afortunadamente me duró pocos minutos. Yo no se lo recomendaría a nadie.

Actualmente, los distribuidores de Poppers se anuncian por Facebook, y muestran fotos de las presentaciones del producto en sus frascos de llamativos colores del arco iris. Su elevado costo hace que sea consumido solamente por sectores de altos ingresos, ya que en los anuncios se ofrece un frasco al precio de entre 300 y 400 pesos, y el salario mínimo actual es de 62 pesos.

Los crímenes de odio por homofobia. La discriminación, la pobreza, la ignorancia y el odio hacia las expresiones LGBT, arraigadas en la religión, ha generado maltrato, violencia y los más sanguinarios y espeluznantes crímenes de homosexuales y entre homosexuales en la ciudad de Mérida, muchos de los cuales nunca han sido resueltos por la autoridad judicial.

"Un estudio publicado en la revista *Nexos* de enero de 2011, realizado por el investigador Fernando Escalante Gonzalbo, miembro del Instituto de Investigaciones Jurídicas de la UNAM, dio a conocer que Yucatán es la entidad del país en que los homicidios registran diferencias importantes con los del norte del país. Dice que los homicidios ocurridos en Yucatán no están vinculados al narcotráfico, sino más bien a los robos, asaltos y los de tipo pasional. En Yucatán es común leer en la prensa homicidios de homosexuales generados al calor de la embriaguez y luego de un pleito, porque el amante de la ocasión no aceptó ser penetrado" (Rafael Gómez Chi. "Paz y seguridad, privilegio de yucatecos", en *Por Esto!*, lunes 17 de enero de 2011).

Asimismo, el periodista Alan Brito, señala que "la sociedad yucateca destaca por su acendrado mochismo, y salir del closet no todos lo hacen de frente, por lo que llevar una doble vida al final de cuentas cobra fuertes facturas". "Entre los principales factores que inciden para que uno de los miembros de la pareja cobre la vida del otro, de acuerdo a abogados, gente de la comunidad gay y conocedores, destacan que el pasivo quiere hacerle de activo sin avisarle al otro; por ahorrarse unos pesos, llevan al amante ocasional a sus casas y no a un hotel, incitándolos para que les roben y los maten". "Les damos cuenta de los nombres y casos que en los últimos tiempos han conmovido a propios y extraños por estas lajas".

"En primer término está el exfutbolista Wilberth Jorge Solís Albertos, que se convirtió en asesino serial al cometer tres crímenes contra homosexuales a finales de la década de los 80, el cual se dedicaba a convivir con individuos de la comunidad gay, a quienes solía "sacar" dinero por sus "servicios" como prostituto".

"Mató al profesor Manuel Díaz Aguilar en 1979; después a José Borjas Cuéllar, y luego conoció a un adinerado ejecutivo de Campi, Nicolás Armando Toraya Ríos, quien vivía en la colonia México Oriente y llevaba doble vida, pues era casado, pero también solía sostener relaciones sexuales con jovencitos, al cual torturó y mató. Wilberth murió de Sida en el penal meridano".

Otro asesino serial fue Alfredo Aguilar Cano (a) "Bunga", un malviviente que vendía su cuerpo al mejor postor, pero a la vez mataba a sus clientes sexuales y por eso es considerado el mayor criminal en serie yucateco, pues dio cuello a cinco gays, en complicidad con Ángel Martín Montero y el tabasqueño Guillermo de la Cruz Sila, a quienes se les conocía con los apodos de "El Chistes" y "Pie Grande".

"De 1993 a 2001 (ocho años) "Bunga" mató primero a Jorge Carlos Pizarro Barrera; posteriormente, a Hernán May Magaña, en Jardines de Pensiones. May Magaña era empleado de un banco y vivía solo, fue asesinado de un balazo".

"El 19 de junio de 1996, "Bunga" y "El Chistes" dieron muerte al cubano-americano Rigoberto Chaviano León de 68 años, en el departamento de éste ubicado sobre la calle 68 entre 67 y 65".

Luego se halló el cuerpo sin vida de Nicolás Manuel Hoíl Canto, de 53 años, bajo el mismo patrón, en el interior de un cuarto del Hospedaje Castillo. Y por último el 12 de diciembre de 1997, en el tercer piso del Hotel Lord, fue encontrado el cadáver de Arcadio Francisco Balam Noh, empleado del Juzgado Sexto de Defensa Social".

"También cometieron varios asaltos a homosexuales, a los que finalmente no asesinaron, sólo los golpearon y sometieron para robarles dinero, alhajas, aparatos electrodomésticos, automóvil, etc".

"Caso aparte es el del "Caníbal de la Lázaro Cárdenas", el homosexual Enrique Medina Arjona, conocido como "la Verónica" que mató primero al enamorado de su tía, porque pensaba que sólo engañaba a ésta, y después asesinó a un sujeto con el que había sostenido relaciones sexuales en su casa, pero al no pagarle lo acordado, la víctima se molestó y previniendo que éste podría golpearlo, lo drogó y estranguló".

"Ambos cadáveres los arrojó en la fosa séptica del domicilio que compartía con su tía e incluso a su última víctima la destripó, dándole de comer a sus numerosos gatos las vísceras".

Desde los años 80 hasta la actualidad frecuentemente se han registrado en Mérida asesinatos de homosexuales, que por la manera en que fueron asesinadas las víctimas, se considera que fueron crímenes de odio por homofobia. A mediados de 2012, fue encontrado el cadáver del maestro del Conalep 1, Juan Avelino Mena Moguel en un predio de la colonia Alemán.

"El 12 de febrero de 2012, fue muerto de un balazo el mininarco gay Juan López (a) "La Juana", por el militar activo Rafael Cruz Flores, en la comisaría de Pueblo Nuevo de Dzilam de Bravo".

"La mañana del 20 de marzo del mismo año, fue hallado muerto en la terraza de su casa, ubicada en la Avenida Colón, José Carlos Martínez Salazar de 65 años, quien falleció asfixiado con su propia sangre al recibir un golpe en el tabique nasal. Días después fue detenido el sexoservidor José Esteban Che Pech, de 19 años, tricitaxista oriundo de Kanasín".

"En otro caso, el 23 de abril de 2012 fue asesinado el empresario Emilio Villanueva Garma, de 50 años en el interior de una bodega de su propiedad, ubicada en la calle 65 por 38 y 40 del rumbo de Lourdes. El sujeto fue muerto con una tranca, que le propinó el mayatex Isaías Koyoc Mac, de 24 años, quien fue a cobrarle un "servicio" de 300 pesos que le debía el hoy occiso".

"El 23 de mayo de 2012 fue muerto a cuchilladas, en un terreno baldío de Ticul, el alcohólico homosexual Juan Balam, de 35 años, por otro vicioso de nombre Manuel Magaña, de 45 años".

"Para el 25 de mayo de 2012, el sexagenario norteamericano Leo Robert Wicard fue hallado semienterrado en el jardín interior de su casa, de la calle 78 entre 73 y 75 en el rumbo del ex rastro, quien fue asesinado por sus jóvenes compañeros sexuales que había metido a vivir con él".

"El 18 de julio de 2012, el estilista Ismael Enrique Guerrero Romero (a) "Shantal", ahorcó a su amante, el veracruzano Daniel Noé Huerta Baizabal, e intentó hacer creer a las autoridades que éste se había ahogado en una piscina, en una casa de la Colonia Francisco I. Madero, todo porque se enteró que quería regresar con su mujer" (Alan Brito. "Amor, sexo y celos que matan", en *De Peso*, domingo 19 de agosto de 2012).

El 28 de septiembre de 2013, fue asesinado de dos cuchilladas en el corazón y tortura a golpes, el representante artístico de 53 años, Fernando José Delgado Marentes en su domicilio de la colonia Buenavista. El 8 de octubre se informó que policías de la Fiscalía General del Estado (FGE) capturaron a Ernesto Guadalupe Manzanero Gómez y Rubén Alejandro Guillermo Pérez, presuntos responsables del homicidio.

Guadalupe Manzanero fue detenido en Mérida, en tanto que Guillermo Pérez fue aprehendido en Quintana Roo, en colaboración con autoridades policíacas del vecino estado. De acuerdo con la necropsia de ley, la víctima se desangró a causa de una puñalada en el corazón, luego de ser atacado en su domicilio por los dos individuos. Delgado Marentes fue hallado muerto, bajo la cama en uno de los cuartos de su casa, por un amigo que fue a buscarlo al ver que no contestaba las llamadas a su celular.

Según el expediente el día de los hechos la víctima se encontraba en la zona centro de Mérida, en donde se encontró a Ernesto, a quien invitó a subir a su automóvil para ir a cenar y luego llevarlo a su casa.

Fernando ignoraba que Ernesto Guadalupe y Rubén Alejandro habían planeado robar "al primero que se atravesara en su camino", por lo que luego de confirmar por medio de señas a distancia que conocían donde vivía el hoy occiso, decidieron poner en marcha su plan. Los sujetos sustrajeron del predio de la víctima 2 soguillas de oro y 500 pesos" (Armando Gamboa Romero. "Confiesan asesinos de "Emmanuel". En *Por Esto!*, martes 8 de octubre de 2013).

Otro horrible asesinato en el centro histórico de Mérida se registró el 11 de octubre de 2013, esclarecido por la Fiscalía General del Estado, tras la captura de Rodolfo Arturo Martínez Gasca de 28 años, responsable de la muerte de Felipe Arturo Valencia Bellavista, de 64 años.

De acuerdo con testigos, y con base en las huellas digitales halladas en la escena del crimen, el móvil fue el robo, que redituó al victimario la cantidad de 21 mil pesos, tras la venta de los muebles que se encontraban al interior del predio propiedad de la víctima.

La investigación concluyó que, hace aproximadamente un año, el presunto homicida conoció a su víctima porque solía pasar frente a su casa; del saludo casual pasaron a la amistad que cultivaban con reuniones frecuentes por las noches en casa del hoy occiso, en donde platicaban o jugaban cartas.

Una vez planeado el robo, Martínez Gasca se presentó el 10 de octubre de 2013 por la noche en el citado predio, en donde no tuvo problemas para entrar, pues el dueño mismo abrió la puerta, al tiempo en que lo invitó a jugar barajas.

El indiciado sacó de entre sus ropas un martillo con el que golpeó a la víctima más de 20 veces en la cabeza destrozándole el cráneo hasta que Valencia Bellavista dejó de moverse.

Martínez Gasca una vez en su casa lavó la ropa que traía puesta, escondió el martillo y a la mañana siguiente llamó a la casa de antigüedades; se identificó como "Luis Gasque" y dijo que su tío le había encargado la venta de sus muebles (Anónimo. "Del saludo casual pasó a la amistad y terminó en homicidio", en: *Milenio Novedades*, martes 15 de octubre de 2013).

Asesinatos homofóbicos no resueltos. Lo que llama la atención del apartado anterior "Los crímenes de odio", es cómo un delincuente pudo haber cometido una serie de homicidios y ser capturado cuando ya había matado a varias personas. Más recientemente los homicidas son capturados a los pocos días de haber cometido un crimen. Pero han sucedido crímenes homofóbicos que nunca se han aclarado, de los que tenemos conocimiento de los siguientes:

El LAE Eduardo Antonio Trueba Gamboa de 27 años fue encontrado muerto a cuchilladas cerca de las puertas de la disco gay "La Cucaracha" (*Diario de Yucatán*, 11 abril de 1994).

Al momento de registrarse este homicidio la disco gay "La Cucaracha" tenía sólo cuatro meses de haberse inaugurado y funcionó menos de un año.

José Cepeda Baleaza "Don Pepe", comerciante veracruzano de artículos de medio uso, radicado en Mérida, fue encontrado muerto a causa de múltiples heridas de arma punzocortante. No encontraron al homicida, nadie reclamó su cadáver y fue a la fosa común (*Por Esto!*, 15 de junio de 2000).

El homicidio del Dr. Miguel Ángel Hernández Chi, médico naval, quien fue encontrado muerto con la cabeza machacada con una llave Stellson, en su casa de la colonia Yucalpetén del puerto de Progreso (*Por Esto!*, 14 de noviembre de 2000).

El Sr. Azael Gustavo Barrera Canto, dependiente de farmacia, cuyo cadáver fue encontrado en su casa de la colonia Vicente Solís, muerto a cuchilladas, siendo detenido sólo Felipe de Jesús Fuentes Rodríguez, apodado "el Pájaro Loco", quien padece retraso mental. Los familiares de la víctima han manifestado su inconformidad porque fueron varios los indiciados en el homicidio y dudan que el joven retrasado haya sido el autor del crimen (*Por Esto!*, 29 de diciembre de 2005).

El estilista Carlos Santamaría Ontiveros, cuyo cadáver fue encontrado en su lugar de trabajo por el rumbo de San Cristóbal, con un tiro en la cabeza, que le atravesó un ojo y le salió por el occipital (*De Peso*, 20 de septiembre de 2007).

Wilberth Alejandro Cámara Cervantes, chofer del Ayuntamiento de Mérida, brutalmente acuchillado en su puesto de perros calientes (hot dogs) en su domicilio en la esquina del Kiuic Dzotz, en junio de 2004. Los sospechosos del crimen fueron capturados dos años después, pero sólo estuvieron recluidos un año y fueron liberados al comprobarse que el ADN de la sangre encontrada en el lugar de los hechos no corresponde a los detenidos (*Diario de Yucatán*, 28 de marzo de 2008).

El adolescente Julio Contreras González, estuvo en riesgo de perder la vida al ser violado con un pequeño bate de béisbol, que le provocó desgarramiento del recto, en un visible acto de violencia homofóbica en su lugar de trabajo, bar "La Frontera" en octubre de 2006 (*Por Esto!*, 11 de noviembre de 2006).

La terrible muerte del transgénero Andrés Hernández Balbino, quien era conocido como "Jessica", quien fue atropellado y muerto al salir de la discoteca "Pride" en el Periférico (*De Peso*, 2 de abril de 2007).

El músico Claudio Martín Güemez, conocido como "Claudio y sus Teclados de Oro", fue encontrado muerto a cuchilladas y envuelto en una sábana en su casa de la colonia Bojórquez. El pescador detenido por la policía, teniendo como única evidencia una chancleta supuestamente propiedad del homicida, fue liberado al no ser suficiente esa prueba para acusarlo del crimen (*Por Esto!*, 6 de marzo de 2011).

El estilista Enrique Suárez, quien trabajaba con mucho éxito económico en su estética de Campeche, fue encontrado ahorcado en un predio del rumbo de Santiago en Mérida, colgado de un hamaquero y desnudo. La víctima era conocida con el sobrenombre de "Harriet" y las autoridades concluyeron que se trató de un suicidio. Esta extraña muerte sucedió en septiembre de 2013 y no apareció en ningún periódico de la localidad.

Las revistas gay

Primera revista gay en Mérida, *Macho Tips*. En 1985 por medio del correo tradicional, algunos de los militantes del Grupo Autónomo Yucatán recibimos el primer número de la primera revista gay que circuló en la ciudad de Mérida, editada en el Distrito Federal y fechada en julio de 1985, titulada *Macho Tips*. Las direcciones a las que enviaron algunos ejemplares a Mérida, fueron las de algunos activistas del GAY y de personas que asistían a las actividades de la agrupación; estas direcciones fueron aportadas en la ciudad de México, por los activistas que estuvieron en Mérida y que apoyaron la integración de los primeros grupos de activismo gay meridano.

El director de *Macho Tips* era el destacado activista del Distrito Federal, CP Aurelio Hidalgo de la Torre, y en el primer número se incluyen interesantes artículos de reconocidos estudiosos y activistas, entre los que están: Dr. Juan Luis Álvarez Gayou, presidente fundador del Instituto Mexicano de Sexología; Tito Vasconcelos, Rubén Gómez Tagle y Jorge Arturo de la Vega.

Esta revista circuló en la ciudad de Mérida y se vendía en los estanquillos del Pasaje Picheta. Posteriormente desapareció *Macho Tips* y en su lugar empezó a circular la revista *Hermes*. Luego aumentaron este tipo de publicaciones dirigidas a los colectivos LGBT con varios títulos, todos editados en la ciudad de México, entre los que están *41 Soñar Fantasmas*, *Atractivo* y *Atracción*.

Boy & Toys. La Revista *Boy & Toys* también fue una publicación del Distrito Federal que circuló por unos diez años en Mérida hasta su desaparición en 2011. *Boys & Toys* contenía artículos acerca de la temática gay y tenía entre sus colabores a especialistas de diversas ramas, como historiadores, psicoterapeutas, periodistas del espectáculo etc. También incluía una sección de fotografías a todo color de atractivos modelos masculinos.

Más recientemente conocimos la publicación *Rola Gay*, editada en Monterrey, con un tiraje de 25,000 ejemplares, y que circuló en la ciudad de Mérida hasta el año 2012. Esta revista *Rola Gay* se distribuía de manera gratuita en el establecimiento denominado Private Video, localizado en la Avenida Colón en el estacionamiento frente a un hotel de esa avenida. De acuerdo a su editorial, esta revista se distribuía de manera gratuita en Monterrey, Guadalajara, Villahermosa, San Luis Potosí, Puerto Vallarta, y Reynosa, entre otras ciudades de la República.

Mid Open. La primera revista editada en la ciudad de Mérida dirigida a la comunidad LGBT y elaborada por editores yucatecos se titula *Mid Open*, de circulación gratuita. *Mid Open* se lanzó en 2009 y hasta 2014 estaba circulando en la ciudad de Mérida, y en otras ciudades de la península, con interesantes artículos de especialistas en los temas LGBT.

Mid Open es dirigida por el yucateco Lic. Luis Buenfil-Viera, y entre sus colaboradores están: Enrique Torre Molina, Roberto Moreno, Freddy Lizama, Astrid Castillo, Daniel Heredia, entre otros especialistas. Se podía encontrar ejemplares gratuitos de *Mid Open* en Gran Plaza (Aries Estéticas, So Sweet Cup Cake Store, BadFish); Plaza Altabrisa (BadFish, GOGA, Ozono); Italian Coffee (Gran Plaza, Plaza Altabrisa, Centro, calle 60 Norte, Plaza Las Américas); El Hoyo, Super Salads, Nibbanna, Fitness & Health, además de que cuenta con su website y Facebook.

Recientemente, los medios digitales han facilitado la difusión y el intercambio de información. Muchas agrupaciones así como personas interesadas en la temática LGBT, abren páginas informativas en las redes sociales, para dar a conocer sus puntos de vista y artículos de expertos en diversidad de género y los movimientos LGBT en todo el mundo.

Capítulo 4. Las marchas del orgullo

Las marchas del Orgullo Gay y la Visibilidad

La primera Marcha del Orgullo LGBTTT en Mérida se llevó a cabo el sábado 28 de junio de 2003. Tanto los organizadores de las primeras marchas, como quienes las organizan a partir de 2012 en Mérida, han manifestado que uno de los principales propósitos es la visibilidad. Entre los acontecimientos que enmarcaron el contexto en el que se organizó la Primera Marcha del Orgullo en 2003, se puede mencionar los siguientes:

A nivel internacional, en Estados Unidos se aprueba en algunas ciudades el matrimonio entre personas del mismo sexo; y a nivel nacional, en México, se inician los movimientos para la legislación del matrimonio universal que se aprobó en el Distrito Federal en 2008.

Se organizaban las elecciones federales que se llevaron a cabo en julio de 2003 en Yucatán. Posterior a la Marcha llevada a cabo en junio, en el mes de julio se realizaron las elecciones en las que Ivonne Ortega Pacheco, candidata del PRI, obtuvo la diputación el II Distrito Electoral Federal. Era Presidente de la República, Vicente Fox Quesada, del PAN, quien había llegado a la Presidencia en las elecciones de 2000; y era gobernador del Estado Patricio Patrón Laviada, también del PAN, electo en los comicios estatales del año 2001.

Recién se había aprobado en junio de 2003 el Reglamento de Policía y Buen Gobierno en el Ayuntamiento de Mérida, encabezado por la CP Ana Rosa Payán Cervera, y había entrado en funciones la Policía Municipal de Mérida, que se inició con la limpieza de homosexuales de los parques del Centro Histórico (*Diario de Yucatán*, 6 de junio de 2003).

La discoteca gay Free Way, donde se presentaban Mamie Blue y Nani Namú, había sido clausurada en al menos dos ocasiones hasta el año de 2003, por diversas faltas al Reglamento de Centros Nocturnos. El propietario del establecimiento era el Sr. Mario Aguilar Ceballos, ya fallecido.

Pero el acontecimiento que detonó la organización de la primera Marcha del Orgullo en Mérida, fue la detención de Nani Namú, en posesión de drogas ilícitas a las puertas de la disco Free Way, ocurrida el viernes 13 de junio de 2003. Esta aseveración, acerca del motivo más importante para realizar una Marcha Gay, fue manifestada por Mammie Blue, uno de los principales organizadores, quien declaró que la manifestación era para defender los derechos de Nani, quien según Mammie Blue, había sido detenido injustamente. Los amigos de Nani habían apoyado la versión de que la droga le había sido "sembrada" en su vehículo por alguna persona que planeó una venganza en su contra. Los comentarios señalaban a los anteriores patrones de Nani, ya que junto con Mammie Blue habían dejado la disco gay "Grekos", y habían empezado a trabajar en "Free Way" cuando ocurrió su detención.

Al detenido Hernán Novelo Ávila (a) "Nani", se le decomisaron 15 bolsitas con cocaína, y otras bolsitas con un líquido aceitoso amarillento que se presume se trata de otro enervante, y un Volkswagen Sedán, dentro del cual se encontró la droga (Anónimo. Detienen a travesti de una discoteca: vendía droga, en: *Diario de Yucatán*, 14 de junio de 2003). En su declaración ministerial Nani dijo que la droga hallada en su automóvil sí le pertenece, pero afirmó que no tenía intenciones de venderla

(Anónimo. Dictan auto de formal prisión al travestido detenido con cocaína, en: *Diario de Yucatán*, 22 de junio de 2003).

El propietario de la discoteca Free Way, Sr. Mario Aguilar Ceballos, dio a conocer a través de la prensa que la persona que fue detenida con droga, quien se hace llamar Nani Namú, no trabajaba en su establecimiento, y que fue detenido a 500 metros del local (Anónimo. Reiteran acusaciones contra presunto narcotraficante, en *Diario de Yucatán*, 20 de junio de 2003). El administrador de Free Way, señaló que sí conoce a la persona detenida, porque asiste frecuentemente a su establecimiento, pero que no trabaja ahí, sino que es un cliente que asiste vestido de mujer y pide el micrófono para animar a los asistentes de manera espontánea, y que sólo lo conocía por su sobrenombre "Nani".

Preparativos para la Primera Marcha del Orgullo. En este contexto, Mammie Blue solicitó el apoyo de las asociaciones civiles de mayor relevancia en el activismo a favor de los grupos sociales vulnerables, y entre las agrupaciones que respaldaron esta primera marcha y las siguientes cinco marchas estuvieron: Disco Free Way, Buenas Intenciones AC, Indignación, Repavih, Unasse, Oasis San Juan de Dios, Servicios Humanitarios en Salud Sexual y Reproductiva (SHSSR), Kóokay Ciencia Social Alternativa, y Foro Cultural Amaro.

Las asociaciones colaboraron con dinero en efectivo, cada una aportando dos mil pesos para los gastos del carro de sonido y un aparato de audio que se instaló en la Plaza Grande. Asimismo, algunos diputados colaboraron con dinero en efectivo para pagar los boletos de avión de los invitados de la ciudad de México.

Se imprimieron carteles y volantes, igualmente desde semanas antes Mammie Blue, había iniciado una campaña de difusión invitando a la Marcha desde el micrófono de la discoteca Free Way, donde era maestra de ceremonias y travesti estelar, y a donde asistían gran número de jóvenes gays de Mérida. Esta discoteca estaba ubicada sobre la carretera a Umán, bajando del puente, con Periférico.

Unos días antes de la Marcha, se organizó una noche de "pegas de carteles", en la que participaron muchos activistas en cuatro o cinco vehículos, cada uno comisionado a cubrir determinado sector del centro de la ciudad con las pegas de carteles. A unos les tocó los paraderos de camiones del Centro; a otros los paraderos del Mercado Lucas de Gálvez; se pegaron carteles en los parques de San Juan, Santiago, y San Cristóbal; también se pegaron carteles en Paseo de Montejo, así como en los aparadores de algunos comercios céntricos que dieron permiso para fijar los carteles.

Algunos colaboradores en la noche de las pegas, prepararon cubos de engrudo y compraron brochas, todo esto con dinero personal como colaboración a la primera marcha. Igualmente, quienes ofrecieron sus vehículos para trasportar a los activistas para las pegas no cobraron por la gasolina. Otros colaboradores se dieron a la tarea de distribuir los volantes invitando a la primera marcha y principalmente se repartían en los paraderos de camiones y combis. Estos volantes eran una copia reducida de los carteles que se pegaron por diversos rumbos de la ciudad.

En la primera Marcha participaron como oradores: Dr. David Gáber Osorno, funcionario de la Secretaría de Salud del Gobierno del Estado, quien exhortó a los asistentes a vivir una vida sana; Dra. Ligia Vera Gamboa, investigadora de la UADY, quien señaló que la lucha es por los derechos no sólo de los gays y lesbianas sino por los derechos de todos y todas; Rafael Manrique del Colectivo Sol de la ciudad de México, recordó la agitación que surgió en el Distrito Federal en la primera marcha en 1979, hoy queremos que el presupuesto de salud sea efectivo, que no hayan más razzias, que no nos discriminen ni con chistecitos de los periódicos irresponsables e imbéciles, expresó; el activista Adrián Vilchis Cabrera, pidió el micrófono para invitar a despertar la conciencia del orgullo gay. La intervención más recordada fue la de la madre de Nani Namú, quien agradeció la solidaridad para con su hijo, "estoy segura que es inocente y es víctima de una maldad tremenda", dijo (Rafael Gómez Chi. "Por el derecho a ser diferentes", en *Por Esto!*, domingo 29 de junio de 2003).

El principal organizador y vocero de la Primera Marcha del Orgullo, Mammi Blue, hizo declaraciones a la prensa aparecidas en el Periódico Por Esto! el domingo 29 de junio de 2003, y entre lo más relevante mencionó:

"Venimos a hacernos visibles ante la sociedad, a que dejen de pensar que no existimos. Exigimos respeto, que no nos agredan, que sepan que somos parte de la sociedad, queremos apertura. Es tiempo de apertura, afortunadamente vino mucha gente joven que es la que ahora está luchando por todo esto, porque haya educación; agradezco la apertura y el espacio que la mayoría de los medios nos han dado porque eso es muy importante".

Las Marchas viento en popa. En la Segunda Marcha del Orgullo, llevada a cabo el 19 de junio de 2004, destacó la presencia del Dr. Jorge Saavedra López, director general del Censida, quien envió un mensaje sobre los datos de la epidemia de VIH-Sida y las campañas de prevención. Participaron como oradores el Dr. Douglas Canul Rodríguez, de la Asociación Buenas Intenciones; Dra. Sandra Peniche de UNASSE; y el Lic. Jorge Victoria Maldonado, presidente de la Comisión de Derechos Humanos de Yucatán (CODHEY).

En la Tercera Marcha del Orgullo, realizada el sábado 2 de julio de 2005, estuvo como uno de los oradores principales el Dr. Juan Luis Álvarez Gayou, director general del Instituto Mexicano de Sexología, quien señaló que los mexicanos debemos contar con una educación de la sexualidad que nos dé herramientas y valores como el respeto, la tolerancia y el amor. También estuvo el Dr. Jorge Saavedra López, director nacional del programa contra el VIH-Sida.

En la IV Marcha del Orgullo de 2006, estuvieron como oradores: Pilar Sánchez Rivera, de Católicas por el Derecho a Decidir de América latina; Carlos Méndez Benavides, del Albergue Oasis de San Juan de Dios; Dra. Sandra Peniche Quintal de UNASSE; Verónica García, escritora; Roberto Guzmán, activista de la ciudad de Cancún; Consuelo Ramírez de UNASSE; Olga Moguel, de Foro Amaro; Oscar Sauri Bazán, director de Literatura del ICY; y Martha Capetillo Pasos de Indignación.

En la V Marcha del Orgullo, en 2007, el vocero Mammie Blue manifestó a la prensa lo siguiente:

"Muchísimo falta por cambiar, porque la guerra es contra una enfermedad muy extendida: la homofobia. Una enfermedad mental como todas las fobias. Inclusive nosotros y nosotras, lesbianas, gays, travestis, transexuales y transgéneros no nos la hemos podido sacar del todo, por el miedo al qué dirán, y la vergüenza por ser aquello que nunca ha debido avergonzarnos. La homofobia lleva al crimen, y son muchos los crímenes de odio, muchos más de los que se persiguen, porque cientos de familias prefieren guardar silencio y las autoridades homófobas prefieren que se eche tierra a una asunto para salvar un honor que no manchaba la homosexualidad de un hijo victimado y sí, en cambio queda espantosamente manchado por un silencio que los vuelve cómplices del asesino. Sin embargo, la guerra no está perdida, aunque a veces el ver cómo continúan los maltratos policiacos, los chantajes y las humillaciones cotidianas nos hagan sentir que no ha cambiado nada, pero ha cambiado todo. La prueba es que estamos aquí, una comunidad múltiple, lésbica, gay, travesti, transgénero y transexual, que cada día gana aunque sea centímetros, pero que ya no va a dar un paso atrás. Nuestra voz se escucha incluso en las iglesias, ya no es tan fácil mandarnos al infierno por el sólo hecho de existir. Una sociedad que odia así se está suicidando. Y aquí estamos, celebrando nuestro derecho a ser diferentes y recordando que hace 38 años en el bar Stonewall Inn de Nueva York, aquellos travestis fueron valientes para decir ¡ya basta! como queremos serlo nosotros y nosotras cada día más y cada día con más fuerza" (*Por Esto!*, domingo 24 de junio de 2007).

Separación de las Asociaciones Civiles de la Marcha del Orgullo. La VI Marcha del Orgullo, llevada a cabo en 2008, fue la última en la que, en los carteles, aparecían los logos de las Asociaciones patrocinadoras: Indignación, Repavih, Oasis de San Juan de Dios, Koókay y Amaro Foro Cultural. A partir de la VII Marcha en 2009, los carteles promocionales solamente incluían los logos de Pride y UNASSE, debido a que la mayoría de las Asociaciones que apoyaron la Marcha se separaron de este movimiento.

En ese año de 2008, en fecha posterior a la celebración de la Marcha, las Asociaciones Civiles, encabezadas por Indignación y Repavih, comunicaron por las redes sociales su separación de la Marcha del Orgullo Gay, señalando que había perdido la intención con la que se había iniciado, y que ahora se reducía a la promoción empresarial y se basaba en decisiones unilaterales y personales.

Aquí, habría que recordar que en las elecciones estatales de mayo de 2007 resultó electa a la gubernatura del Estado, la senadora Ivonne Ortega Pacheco, y según algunas fuentes cercanas a este organizador de las Marchas del Orgullo Gay, Mammie Blue ofreció el apoyo del movimiento a la candidata del PRI a la Gubernatura. Recuerdan la invitación de Mammie Blue en el escenario de la discoteca gay Pride, a través del micrófono para invitar a los colectivos LGBT por la candidata del PRI, con los ofrecimientos del reconocimiento por parte del Gobierno a los derechos de la diversidad, y la apertura de un bar gay en una zona céntrica, y no en las afueras de la ciudad.

En las marchas de los años 2008 y 2009, la Gobernadora del Estado, Ivonne Ortega Pacheco, esperó a las puertas del Palacio de Gobierno, el paso del contingente de activistas LGBT, encabezados por Mammie Blue y Nani Namú. En esas Marchas la Gobernadora saludaba al organizador y a sus acompañantes, con un beso como señal de que el Gobierno que encabeza era respetuoso de los derechos de la diversidad de género.

Disminuye la participación en la Marcha. A partir de 2009, 2010 y 2011, se hizo visible la reducción en el número de participantes en la Marcha del Orgullo Gay de Mérida. En la Octava Marcha del Orgullo llevada a cabo el 19 de junio de 2010, se caracterizó por la poca participación, lo que algunos activistas dieron a conocer a través de las redes sociales. Se informó también por los medios que la gobernadora no bajó de su oficina de Palacio para saludar al contingente.

En el video de Youtube "Marcha Lésbico Gay Mérida Yucatán 2010 Entrada al Zócalo de Mérida 1ra Parte", subido el 21 de junio de 2010 y consultado para esta crónica en agosto de 2013, se dio a conocer que "el 19 de junio de 2010 por octava ocasión se llevó a cabo en Mérida la Marcha LGBTI, con la participación de la gente que apoya esta causa. A pesar de todo sentimos que algo hizo falta" (Jaime Francisco Solís Medina, video subido a Youtube el 21 de junio de 2010, "Marcha Lésbico Gay Mérida Yucatán 2010 Entrada al Zócalo de Mérida 1ra Parte").

En este video mencionado, la Licda. Amelia Ojeda, representante de UNASSE, y Mammie Blue exhortan a los participantes a firmar las hojas que se distribuyeron para apoyar la Sociedad de Convivencia en Yucatán (*Idem*).

En otro medio de comunicación se menciona: "En esta marcha (2010) que encabezaron dos alazanas travestis montadas en sendos caballos, Mammie Bule dijo que la gobernadora no bajó como en la marcha anterior, la séptima, en 2009, "no por un desprecio oficial, sino por un asunto de estricta prudencia política, para evitar comentarios sin sentido de grupos reaccionarios" (Rafael Gómez Chi. "No más miedo, odio y homofobia". *Por Esto!*, 20 de junio de 2010).

En 2011, el representante de la agrupación en ese año recién constituida: "Derechos Civiles y Diversidad Sexual (DCyDS), Lic. Alfredo Morales Candiani, dio a conocer que el movimiento LGBT en Mérida había perdido la participación de asociaciones entre las que mencionó: Grupo Yucatán de Familias por la diversidad Sexual; Equipo Indignación; Mango Malva; Red de Personal Afectada por VIH (Repavih); Kookay Ciencia Social Alternativa; Foro Cultural Amaro; Centro de Promoción y Defensa de los Derechos Humano Laborales (Ceprodehl); Buenas Intenciones; Grupo Multisectorial Ciudadano VIH/Sida Yucatán; Círculo Cultural de la Diversidad "Ricardo Zimbrón Levy"; Yucatrans, y la delegación de la Comisión de Pueblos Indios en VIH/Sida. (Anónimo. Dividida la comunidad gay en Mérida, en *Yucatán Ahora*, Página electrónica 17 de mayo de 2011).

La Marcha del Adiós. El año de 2012 se perfilaba para llevarse a cabo una Marcha alterna a la Marcha del Orgullo, que se denominaría "Marcha de la Diversidad LGBTTTI" o también "Marcha del Adiós", debido a que Gonzalo España, protagonista de las marchas anteriores, había anunciado desde 2010, que el evento sería organizado por las nuevas generaciones de activistas.

En las marchas de 2010 y 2011, los militantes y simpatizantes de la asociación DCyDS desfilaron vestidos de color negro en protesta por las decisiones unipersonales y actitudes del organizador con las que no estaban de acuerdo. Pero aún así, desfilaron unidos al contingente, aunque con actitud de protesta.

Desde 2011 y durante 2012, prepararon una marcha alterna e invitaron a los miembros de las asociaciones que se habían separado de la Marcha del Orgullo, y diseñaron un derrotero diferente. Esta marcha se denominaría "Marcha de la Diversidad" o "Marcha del Adiós", ya que con este último nombre las organizaciones significaban un adiós definitivo a la Marcha del Orgullo.

Esta Marcha del Adiós alterna no se llevó a cabo, debido a que en mayo de 2012 se dio a conocer el fallecimiento de Gonzalo España, por lo que las agrupaciones que organizaban la Marcha del Adiós, acordaron desistir de este proyecto y llevar a cabo la organización de una sola, que fue la Décima Marcha del Orgullo Gay.

Nuevos organizadores de la Marcha del Orgullo Gay de Mérida. En 2012, la Marcha del Orgullo fue organizada por la Asociación DCyDS. En el mes de mayo de 2012 se dio a conocer por diversos medios el repentino fallecimiento de Mammie Blue, por lo que integrantes de la nueva agrupación DCyDS asumieron la organización de la Marcha del Orgullo en junio de 2012.

En el contexto de la Décima Marcha del Orgullo 2012, líderes de diversas agrupaciones pro diversidad sexual, lamentaron el desinterés de los candidatos a gobernador y de alcaldes, para presentar una plataforma política a favor del reconocimiento pleno de los derechos humanos de este grupo social. El presidente de la Asociación por los Derechos, Cultura y Diversidad Sexual, Alfredo Morales Candiani, indicó que "la diversidad sexual no está en la agenda de los candidatos y deben considerar que somos un grupo que también forma parte de la población". Precisó que con antelación solicitaron a los contendientes de los partidos Acción Nacional, Revolucionario Institucional y de la Revolución Democrática un encuentro, pero hasta la fecha "no hay respuesta ni fecha para conversar". En cada campaña política, añadió, sólo somos vistos como votos y no se proponen políticas públicas para apoyarnos y frenar la discriminación y fomentar la tolerancia que tanto requerimos.

En otro tema, dio a conocer que bajo el lema "Tod@s unid@s por la diversidad", el próximo día 16 de junio se realizará la "X Marcha de la Diversidad Sexual Mérida 2012", la cual recorrerá varias calles del centro histórico de la capital yucateca y a la que se espera una asistencia de unas 600 personas. En total se sumarán 19 colectivos, un ejemplo de que "no somos la minoría que normalmente mencionan. Haremos escuchar nuestras voces e invitamos a la ciudadanía en general a participar, pues no es sólo una marcha del colectivo gay, está abierta la participación", resaltó. A su vez, pidió a partidos políticos y coordinadores de campañas a que "no se presenten ni intenten utilizar la marcha como escaparate político para obtener votos", así como tampoco "la comunidad no se vende por playeras ni regalos. Queremos evitar confrontaciones, así que pedimos respetar el evento" (Anónimo. "Grupos de la diversidad sexual lamentan desinterés de candidatos en el tema", en página electrónica *Reporteros Hoy*, 12 de junio de 2012).

Esta X Marcha del Orgullo se caracterizó porque debido a la lluvia que cayó sobre el centro histórico, la columna que partió de La Mejorada llegó al a la Plaza Grande por la calle 61, y no como los años anteriores por la calle 65 y tomando la calle 60. En 2012, se acortó el derrotero a causa del pertinaz aguacero que cayó y la estrategia era llegar a la Plaza Grande lo más rápido posible ante de que azotara el aguacero, pero el contingente estaba por la calle 54 cuando se desató la lluvia y los participantes llegaron mojados a la Plaza Grande pero con mucho entusiasmo. Un pequeño grupo de participantes portaba unos posters con las fotografías de Mammie Blue como homenaje en recuerdo de haber sido uno de los más entusiastas organizadores de esta marcha.

En junio de 2013 se anunció la "XI Marcha de la diversidad sexual". El sábado 15 de junio, a las 5 de la tarde, se iniciará el recorrido en el parque de Los Niños Héroes (Mejorada), por la calle 50 y hasta la 65, la cual tomarán para llegar a la 60, y de ahí a la Plaza Grande, la cual rodearán para terminar en la 63.

El comité organizador, encabezado por Alfredo Morales Candiani, de la Asociación Derechos Cultura y Diversidad Sexual (DCyDS) A C; Ana Echeverría Can, de Lesvisibles, y Jorge Villamar Torre, de Dueño o Dueña de mi Sexualidad (DUMIS), destacaron que este año se ha incrementado el número de asociaciones y negocios convocantes.

En esta edición número 11 de la marcha se unirán contingentes de varias partes del interior del Estado; representantes de los municipios de Tekax, Motul, Tixkokob, Progreso y Hunucmá ya confirmaron su asistencia.

Además de las que representan el Comité, entre las asociaciones convocantes están Unasse, Cessex, Yucam, Bear Party, las empresas Mid Open, Pride, Blue Namu, Candy Sex Shop, Hot Zone, Olympus, Krizztel Montero y NB Gay Yucatán.

En el transcurso de la semana se llevarán a cabo distintas actividades; el lunes, a las 8 de la noche, en el Parque de Las Américas habrá la conferencia lúdica "Trans"; del martes al viernes a las 7 p.m., en el Olimpo, el Ciclo de Cine Temático sobre la diversidad sexual, eventos que serán gratuitos (Ernesto Pinzón Franco. "Anuncian marcha de la diversidad. El evento será el próximo sábado 15 con largo recorrido", en *Diario de Yucatán*, domingo, 9 de junio de 2013).

La XI Marcha del Orgullo de 2013, se caracterizó por reunir a un notorio número de mujeres participantes que logró convocar la Asociación Lésbica "Lesvisibles".

"Unas dos mil personas participaron esta tarde en la 11a. edición de la marcha a favor de la diversidad sexual, que partió del parque de Mejorada, en Mérida, y concluyó con un mitin en la Plaza Grande, frente a la Casa de Montejo, sobre la calle 63. El evento fue convocado por 14 organizaciones civiles y empresas que prestan servicios a integrantes de la comunidad gay.

A su paso, el nutrido y colorido contingente —mayor que en años anteriores— llamó la atención de la gente a lo largo de la calle 50 hasta la 61, de donde dobló para dirigirse al centro de la ciudad, en medio de aplausos, gritos de entusiasmo, celebraciones, piropos, fotografías y vídeos" (Emmanuel

Rincón y Alejandro Moreno. "Concurrida marcha a favor de la diversidad sexual", en *Diario de Yucatán*, sábado 15 de junio de 2013, versión electrónica).
Reacciones por la Marcha del Orgullo Gay de Mérida.
¡No a la Marcha del Orgullo Homosexual! Este mes de junio es la Marcha del Orgullo Gay en Mérida. Yo me pregunto, por qué salir a la calle a marchar si no estoy orgulloso de ser gay, sino de ser un ser humano con cualidades, debería ser la Marcha por los Derechos de la Diversidad Sexo-Genérica. Creo que no hemos alcanzado los derechos que como ciudadanos mexicanos merecemos; para qué ser parte de una comparsa y un mitin tipo Carnaval y político, ya que convoca a participar una persona que se hace pasar por dirigente, no sé de quién, porque mío no, y ahora nos está vendiendo por favores políticos para su beneficio personal. Lo que hay que exigir es:

1.- Basta de la Homofobia Institucional y social.

2.- Que se apruebe una Ley contra la Discriminación estatal justa, equitativa, y tolerante.

3.- Impulsar campañas de sensibilización contra la Homofobia, Lesbofobia y Transfobia.

4.- Que se establezca un centro de atención a la salud para las personas trans.

5.- Que se hagan mesas de diálogo con las personas de la diversidad sexo-genérica.

Por qué ser palero de un grupo de personas que en vez que nos apoyen, apoyan a sus intereses personales a cuenta de nosotros sus paleros, hay que unirnos y decir queremos derechos y respeto, no queremos un circo con payasos.

Levanten la voz y cambiemos a la sociedad y la política, para un Yucatán mejor, y tengamos una mejor calidad de vida.

Defiende tus derechos (Asociación Ciudadanos Unidos por la Diversidad CiyudAC, junio de 2011, Página de Facebook, consultada en julio de 2013).

"**La marcha esa**". La marcha como fenómeno de presión social y política es un fenómeno nuevo, se inicia a mitad del siglo pasado, cuando ya la humanidad tenía algunos derechos y despertaba, luego de dos guerras mundiales, a pisar el concepto social y político de "ser ciudadano". Una marcha nace como forma de presión y hace fuerza para demostrar que el conjunto de factores de coerción de un estado puede ser roto y desestructurado.

El 12 de marzo de 1930, Mahatma Gandhi emprende una gran jornada conocida como "Marcha de la Sal", con vistas a arrancar la independencia de la India al Imperio Británico. Quizá esa fue la primera manifestación pública silente y en paz que determinó la historia de una nación y el final de la sujeción política por parte de otra.

Sin embargo hay marchas de marchas, algunas han degenerado en juguetes personales o expresiones carnavalescas y de pantomima. Ejemplo exacto: las marchas gays que se celebran en el territorio mexicano y en específico en el estado de Yucatán, más cercanas a un show de Televisa, revestido con el mal gusto, que dista de ser una plataforma seria para emprender y determinar caminos de concilia donde solventar los derechos públicos, donde caminamos todos y somos actores todos.

La marcha gay yucateca es, en particular, un cuadro que ejemplifica el mal gusto de adornos maniqueistas con pelucas ralas y colorines sobre barbas mal afeitadas y maquilladas con una gruesa capa de pasta de jabón y pan cake. Es una marcha, si es que se le puede llamar a esto marcha, nace del odio y de la separación, no de la democrática inclusión, porque ser gay es de todos y todos los días.

En el estado de Yucatán y en específico en su capital, Mérida, existen instituciones y ONGs que han promulgado, batallado, inspirado acciones, leyes, formas de difusión para proteger a la población Lésbico-Gay, que se ha mantenido en muy bajo perfil por toda la restricción que el entorno social y político establece.

Aquí no se ha dado la virtud del respeto porque nadie lo ha exigido y es por ello que la marcha, marchita, que ya cansa a muchos, se convierte en una comparsa con muchos caretas, donde anteriormente hasta la gobernadora daba el saludo pertinente y establecía las claras reglas del juego para que siguiera la función de elefantes amaestrados y vestidos.

Triste panorama que debe cambiar, si nosotros lo permitimos (Gerardo Martínez, "La marcha esa", Equipo de Magnitud Rosa página de Facebook, consultada en junio de 2011).

Fuera reinas. En las Marchas del Orgullo Gay del Distrito Federal se estilaba nombrar a una reina o rey del Gay Power de México, se recuerda el nombramiento de Lucía Méndez en el año 2000, Paulina Rubio en el año 2002, Gloria Trevi en el año 2006, y Carmen Salinas en 2010. A partir de 2012, se cancelaron totalmente los títulos de Reina, Rey, Embajador o Embajadora de la Marcha del Orgullo, "pues consideramos que una marcha que viene de un movimiento social desde hace más de 35 años no necesita un interlocutor externo, tampoco necesita de "títulos honoríficos" que sólo sirven para que actores o cantantes se recuperen mediáticamente y no favorece nada en la lucha por los derechos humanos o políticas públicas de los colectivos LGBTTTI ("Fuera reinas", Alonso Hernández, Organizador de la Marcha del Orgullo Gay de México DF, 22 de julio de 2013, página de Facebook).

Mammie Blue

Debido a que Gonzalo España España, "Mammie Blue", organizó las primeras nueve Marchas del Orgullo Gay de Mérida, y se asumió como el principal representante de los colectivos LGBT en la localidad, lo que difundieron los diversos medios de comunicación, a continuación se presentan algunas notas aparecidas en los medios locales, acerca de su personalidad.

Promueve Mammie Blue candidata al Gobierno del Estado. Por iniciativa de Mammie Blue algunos representantes de los colectivos LGBT, asistieron a un desayuno en un hotel de esta ciudad para reunirse con la entonces candidata del PRI al Gobierno del Estado, Ivonne Ortega Pacheco.

"Hasta donde se sabe fue la primera vez que un político yucateco se reúne en público con esa comunidad. Incluso quienes hicieron uso de la palabra durante el acto le agradecieron a la senadora con licencia que se haya atrevido a "quemarse".

"Ivonne Ortega les planteó su oferta política y ofreció atender sus demandas si gana la gubernatura del Estado". También recalcó que no se puede cerrar lo ojos ante ese sector de la población y tampoco ignorar sus peticiones.

"Gonzalo España España dijo que siempre han sido desfavorecidos y pidió que se les tome en cuenta ya que su orientación sexual no debería excluirlos del reconocimiento a sus derechos humanos, a la salud y el respeto". Hernán Novelo Ávila comediante conocido como Nani Namú exhortó a los asistentes a votar por Ortega Pacheco" (Tila del Koral Pérez Escalante. "Nuevos rostros en la escena política", *Diario de Yucatán*, miércoles 15 de noviembre de 2006).

Denuncia Mammie Blue abuso de agentes de la SPV. Gonzalo España España, líder de la comunidad lésbico-gay-travesti-transgénero-transexual, denunció el acoso y la persecución de dos policías de la Secretaría de Protección y Vialidad, que le impusieron una multa de 167 pesos por conducir un Volkswagen sin placas y no portar tarjeta de circulación.

Mammie Blue aseguró que el comandante Garrido de la motocicleta 1066 lo acosó diciéndole "puto, tienes que pagar la multa". ¿Por qué me dijo puto? ¿Acaso ya durmió conmigo? Cuestionó el ciudadano.

Dijo que explicó las razones por las que circulaba sin placas y que pronto haría los trámites para dejar el vehículo en regla, pero los agentes no hicieron caso y por el contrario siguieron llamándole "puto". Agregó que va a interponer una queja ante la Comisión de Derechos Humanos del Estado de Yucatán por el indignante trato que recibió de los agentes de la SPV, "los cuales ni siquiera saben escribir". En efecto: en la boleta el policía escribió: "Por carecer de placas. Por no portar tarjeta de circulación" (Rafael Gómez Chi "Voces del Público", *Por Esto!*, viernes 6 de abril de 2007).

Inauguración del restaurante bar "El Tinglado". El jueves 4 de diciembre de 2008, los empresarios Gonzalo España "Mammie Blue" y Hernán Novelo Ávila "Nani Namú", inauguraron el restaurante bar "El Tinglado", ubicado en San Antonio Kaua, carretera a Kanasín, con la asistencia de la Gobernadora del Estado, Ivonne Ortega Pacheco.

El copropietario Gonzalo España dijo que la apertura del restaurante es la realización de un sueño largamente acariciado después de 20 años trabajando en empresas como animador y artista travesti, ya que todos queremos tener algo propio. Destacó que "la clientela podrá sugerir cambios y opiniones para el mejoramiento del servicio, aquí sí les vamos a hacer caso y estaremos pendientes de atender personalmente a nuestros clientes" (Germán Pasos "El Tinglado restaurante familiar con show diferente", en: *Por Esto!*, viernes 5 de diciembre de 2008).

Mammie Blue libre pero fichado. Gonzalo España España (a) "Mammie Blue" fue detenido el martes 10 de marzo de 2009, a las 13:00 horas, por la policía por agredir a la trabajadora María Natalia Puerto Xacur, cuando realizaba un trámite en la ventanilla única de la Dirección de Protección Contra Riesgos Sanitarios, a cargo del Dr. Rómulo Isaías Uc Martín.

Nueve horas permaneció detenido ya que a las 22:00 horas del mismo día recuperó su libertad al depositar una fianza de 10,000 pesos en efectivo.

El director de Averiguaciones Previas, Friedman Peniche Rivero, informó que el detenido no quiso declarar y se amparó en el Artículo 20 constitucional. Señaló que Mammie Blue salió bien de su prueba toxicológica, "salió negativo en todo", dijo.

El director de Prevención de Riesgos Sanitarios de la SSY, Rómulo Uc Martín, dijo que "Mammie" no salió bien librado: quedó fichado en la Procuraduría (Anónimo. "Mammie" libre pero fichado, en periódico *La I*, jueves 12 de marzo de 2009).

La lista de nombres de Mammie Blue. Como reacción en contra de las Reformas a la Constitución de Yucatán y la Ley del Registro Civil aprobadas por el Congreso del Estado, el 15 de julio de 2009, el activista travesti Mammie Blue aplazó a la Gobernadora a vetar esas reformas, y que si no las vetaba, exhibiría una lista con los nombres de encumbrados funcionarios del Gobierno que eran gays y que asistían a las fiestas en donde era contratado como artista estelar.

"¿Película de pelos? ¿La Lista de Schindler? ¡Nooooooo! La película que todos quieren ver, la que todos esperan con boleto pagado por adelantado y palomitas en mano, es la Lista de Mammie Blue. Muchos especulan quiénes estarán en el elenco de esta cinta cuyo pospuesto estreno se espera con ansiedad y al ritmo de mordiscos en las uñas. El casting ha incluido según aviesos especuladores a empresarios, a algún diputado federal progreseño, a algún miembro de la Gran Comisión o del Tribunal de Justicia, y a funcionarios de los tres niveles de gobierno en el Estado de Yucatán. Mammie amenazó que si la Gobernadora no veta la llamada —por grupos antagonistas— "la Ley Mocha" ella dará a conocer una lista de invitados estelares a sus divertidas fiestas. (Anónimo "La lista de Mammie Blue", en *Artículo 7*, 26 de julio de 2009).

Aquí cabe mencionar que la Gobernadora Ivonne Ortega Pacheco nunca vetó las reformas homofóbicas del Código Civil de Yucatán, pero Mammie Blue tampoco reveló su esperada lista.

Mammie Blue es propietaria de la Marcha Gay. En respuesta a la separación de las asociaciones civiles de la Marcha del Orgullo, durante este evento en el año de 2009, el organizador Mammie Blue manifestó que la Marcha del Orgullo de Mérida era de su propiedad.

"Me han acusado de que me quiero apropiar de la Marcha, no me quiero, ni me puedo apropiar de algo que es mío, de algo que es mío de corazón, porque yo lo empecé hace siete años, con un grupo de amigos que creyeron en mí, para luchar por los derechos de Nani en aquel entonces".

"Hace siete años cuando tuvo el problema Nani, fue dar la cara públicamente para decir: soy homosexual, enfrentarme en primer lugar a mi familia, a mis sobrinos, a los que tanto quiero, a mi pareja que siempre ha estado conmigo; y a tanta gente que dudaba que si era gay, que no creo que nadie lo dude. Pero nadie se había atrevido a decirlo públicamente, ni a organizar una manifestación pública" (Jaime Francisco Solís Medina, "Unas palabras que Mamie Blue dedicó a los asistentes a la Marcha 2009". Página de Facebook video subido el sábado 27 de junio de 2009, visto en agosto de 2013). "No puedo apropiarme de algo que me pertenece, que yo inicié", así aparece su pronunciamiento en la prensa escrita (Roberto García Hidalgo. "La comunidad gay pide más respeto", en: *Diario de Yucatán*, domingo 28 de junio de 2009).

Problema en el Congreso por un cartel. Anteayer, en horas de la madrugada, dos personas se presentaron en el Congreso del Estado para pegar un cartel en la entrada principal. Ese cartel ha motivado un problema que amenaza con pasar al ámbito penal.

De acuerdo con fuentes del Congreso, los guardias trataron de impedir que se pegara el cartel, pero los visitantes dijeron que lo hacían por órdenes de la Gobernadora Ivonne Ortega.

Finalmente, los vigilantes permitieron que lo fijaran, sin imaginar el problema que vendría más adelante. Se trataba de una invitación de "Mammie Blue y la sociedad civil" a una marcha contra la homofobia.

Por la tarde del mismo día, la Gran Comisión dispuso el retiro del cartel, porque nadie lo autorizó. Trascendió que, incluso, personal del Congreso revisaba ayer la grabación de las cámaras de vigilancia, para tratar de identificar a quienes lo pegaron. Se habla incluso de presentar una denuncia (David Domínguez Maza, *Diario de Yucatán*, 15 de junio de 2010).

Otro bar de Mammie Blue y Nani Namú. En marzo de 2011, abrió sus puertas el centro nocturno "Blue-Namú", en un predio ubicado en la confluencia de las avenidas Colón y Reforma. Días antes de la inauguración, un reportero tomó fotos de las instalaciones y trató de recabar información de la próxima apertura del bar.

¿Por qué tomas fotos? ¿Quién te mandó? Fueron dos de las preguntas que hizo uno de los encargados de los trabajos de acondicionamiento del local. "No, no credencial de reportero, quiero la del IFE", agregó cuando se le explicó el motivo de la presencia en ese lugar donde han funcionado otros centros nocturnos, a los que acudían numerosos jóvenes hasta el amanecer.

"Es de la jefa, toma fotos", dijo uno de los jóvenes que en apariencia labora en ese lugar. No explicó quién es la jefa ni se dieron detalles. Los trabajos están prácticamente terminados y se espera la inauguración para el transcurso de la semana.

Se averiguó que el sitio "Blue-Namú" es por los apodos de sus supuestos empresarios: Hernán Novelo Ávila "Nani Namú" y Gonzalo España "Mammie Blue". Habría fuerte inversión de una persona a la que sólo se identificó como "la jefa" (RFG, "Abren nuevo antro en la Avenida Colón", en: *Diario de Yucatán*, 20 de marzo de 2011).

Jactancia de Mammie Blue por clausura de una disco gay. La madrugada del domingo 24 de abril de 2011, la Secretaría de Salud clausuró la disco gay "Milk" por funcionar fuera del horario autorizado y permitir la entrada a menores de edad.

En los comentarios a la nota aparecida en la página electrónica de periódico *Milenio*, se dio a conocer que Mammie Blue se jactaba de su amistad con la Gobernadora y que el nuevo bar gay "Blue-Namú" podía estar abierto hasta que el último cliente se vaya sea la hora que sea.

También se entabló un intercambio de opiniones en las que unos señalaron que Mammie Blue influyó en el cierre de Milk para no tener competencia. Otras personas, dijeron que cuando Mammie Blue y Nani Namú se presentaron en Xmatkuil fue mucha gente a verlos y no necesitaron mandar a cerrar ninguna disco para que tengan público. (Francisco Puerto. "Clausuran antro gay por escandaloso", en *Milenio Novedades*, página electrónica, jueves 28 de abril de 2011, consultada en 2013).

Golpes a joven cliente del bar "Blue-Namú". "Roque Aguilar Álvarez denunció una agresión sufrida en el bar "Blue-Namú" a manos de un sujeto que presuntamente es el jefe de seguridad del lugar.

De acuerdo con el querellante, el individuo lo golpeó sin motivo y ante la mirada del presunto propietario del lugar Gonzalo España España, también conocido como "Mammie Blue".

Según la querella número 2650/35/2011, Aguilar Narváez y dos amigos de éste se retiraban del sitio alrededor de las 5 de la mañana, cuando se dieron cuenta de que les hacía falta dinero en efectivo para pagar la cuenta.

Debido a que en ese bar no aceptan pago con tarjetas bancarias, uno de los amigos del quejoso fue a un cajero automático a obtener efectivo acompañado de un mesero del lugar, mientras sus acompañantes esperaban.

Roque Aguilar señaló que cuando esperaban que su amigo regresara, el supuesto jefe de seguridad comenzó a sacarlos del lugar de manera prepotente y grosera, por lo que le explicaron que estaban esperando a que una persona regresara con dinero para pagar la cuenta.

Sin embargo, el sujeto siguió corriéndolos hasta llegar al punto de insultarlos. Cuando Roque Aguilar respondió la agresión verbal, el individuo le propinó un puñetazo en el rostro que lo tiró al suelo, donde intentó patearlo, ante la mirada de Gonzalo España, quien no intervino para detener el incidente.

El agredido, quien sufrió lesiones en el rostro y perdió un par de lentes graduados en el ataque, y su acompañante salieron del lugar y solicitaron auxilio de agentes de la policía estatal.

Cuando España España habló con los agentes, según el quejoso, cambió la versión de lo ocurrido y afirmó que Roque Aguilar había agredido primero a su guarura.

Gonzalo España, quien ha sido cercano a la gobernadora Ivonne Ortega Pacheco, fue detenido hace varios meses luego de abofetear a una empleada de la Secretaría de Salud. El antro "Blue-Namú" abrió en marzo pasado y presuntamente pertenece a España España y a Hernán Novelo Ávila "Nani Namú", aunque hay versiones de que una alta funcionaria del gobierno estatal invirtió en el lugar" (Roberto García Hidalgo, "Se queja de agresión el cliente de un bar. El bar "Blue-Namú" escenario de golpes a joven parroquiano", en *Diario de Yucatán*, 5 septiembre de 2011).

Altos funcionarios en el velorio de Mammie Blue. El 12 de mayo de 2012 se dio a conocer el repentino fallecimiento de "Mammie Blue" quien murió en un hospital del norte de la ciudad por complicaciones de la diabetes y enfisema pulmonar.

"La sala de velaciones de la Funeraria Quevedo, en la calle 66 entre 65 y 67, se convirtió en escenario de prolongado desfile político encabezado por la gobernadora Ivonne Ortega Pacheco.

Las relaciones de España España con la clase política priista se hizo patente en sus funerales. Entre quienes acudieron a externar sus condolencias estuvieron la gobernadora Ivonne Ortega Pacheco; su madre Ligia Isabel Pacheco Graniel, y su sobrino Paúl Ortega Pacheco. Este último asistió acompañado de su novia Alaine López Briceño, ex presidenta estatal del PRI y suplente de Angélica Araujo Lara en la candidatura al Senado.

También estuvieron: Sergio Cuevas González, consejero jurídico del Gobierno del Estado; Renán Guillermo González, secretario de Cultura; y su similar en el municipio de Mérida, Roger Metri Duarte. Candidatos del PRI a diputados, como: Pedro Oxté Conrado, Francisco Torres Rivas, Mauricio Sahuí Rivero y Alvar Rubio Rodríguez.

Debido a la cantidad de vehículos se tuvo que reubicar algunos paraderos del transporte público. Se habilitó un pequeño cuarto contiguo a la sala de velación para colocar las coronas de flores que se enviaban.

Gonzalo España fue uno de los promotores de las marchas de la comunidad lésbico-gay por la igualdad de los derechos. Las encabezó durante nueve años consecutivos y en la de 2011 anunció su retiro para dar paso a los jóvenes, según dijo en aquella ocasión.

En sociedad con Novelo Ávila "Nani Namú" era propietario de un bar en el oriente de la ciudad a cuya inauguración asistió Ivonne Ortega. Sus restos serán cremados" (D.CH.C/A.N.E. "El adiós a "Mammie Blue", desfile político", en *Diario de Yucatán*, sábado 12 de mayo de 2012).

Homenaje póstumo a "Mami Blue" en cine. Con el fin de mostrar un Yucatán activo y aguerrido, la productora Ule Films debutará en la ciudad con el documental "Don Mami Blue", en el que presentan un retrato de cuerpo completo del extinto Gonzalo España y su alter ego, "Mammie Blue", con todas sus facetas como artista, productor y activista.

La premier tendrá lugar en el Teatro "Armando Manzanero", a manera de homenaje póstumo al que fuera un conocido personaje local, con una personalidad única e irrepetible, e incluso ejemplo a seguir para muchos, expresó la productora y directora del proyecto Eugenia Montalván Colón.

De igual forma, "Don Mami Blue" se presentará en un centro de espectáculos de Cancún, Quintana Roo, en un festival internacional de cine gay, organizado por la Universidad Autónoma de México (UNAM) y en un festival de cine de diversidad, en Barcelona, España.

Esta cinta forma parte de la evolución de Ule (Unas Letras) Films, la cual, además de ser una editorial, ahora se estrena como una productora independiente, y que en una primera fase se dedicará a los documentales.

"Me motivó el carisma del personaje, porque es controversial, tanto como Gonzalo, como 'Mami Blue', tenía una personalidad fuerte, pero sobre todo era muy aguerrido cuando se trataba de sus objetivos, porque en Yucatán hay que tener coraje y valentía para defender su causa. Un personaje fuera de serie, no hay muchos 'Gonzalo España' y no creo que vuelva a haber otro igual", explicó Eugenia.

Destacó que el protagonista de esta película es oriundo de Mérida, y falleció en mayo de 2012 (Cecilia Ricárdez. "Homenaje póstumo a Mammie Blue", en *Milenio*, jueves 21 de febrero de 2013).

Algunas personas que han presenciado la proyección del video "Don Mammie Blue", han manifestado algunas inexactitudes, especialmente acerca de los acontecimientos registrados en el contexto del fallecimiento del protagonista del cortometraje.

Una de estas falsedades, según quienes han visto ese documental, es el hecho de que el video dice que Mammie Blue fue enterrado vestido de Lupita D'Alessio, con un traje de canutillo de lluvia color azul obscuro, que era uno de sus preferidos, de acuerdo con los relatos. Que él había pedido en caso de fallecer, que lo enterraran con ese vestido, una peluca estilo

Lupita D'Alessio y maquillaje a la usanza de la cantante, ya que era su ferviente admirador. Pero la familia de Mammie Blue ha desmentido ese segmento del documental, ya que el cadáver fue llevado para su incineración, no entierro, vestido como Gonzalo España, no como Mammie Blue, y sus cenizas están depositadas en la cripta familiar de la Parroquia de la Sagrada Familia de la Avenida Cupules.

Otro acontecimiento que no relata el documental es el desistimiento de la familia de Mammie Blue, de denunciar ante la Policía Judicial y Ministerio Público, la misteriosa desaparición de dos pequeños cofres propiedad de Gonzalo España, que contenían joyas, alhajas y centenarios de oro, con valor estimado en más de tres millones de pesos.

Amigos cercanos al activista y familiares señalan la gran afición de Mammie Blue a las joyas, por lo que frecuentemente se mandaba a hacer cadenas, anillos y brazaletes del mejor oro, y también cada mes compraba un centenario, los que guardaba en esos pequeños cofres, que tenía en su casa al momento de fallecer. Dicen que Mammie Blue comentaba que tenía que contar con un respaldo económico para hacer frente a cualquier inesperada contingencia. Estos valores no fueron encontrados en la casa, y la familia decidió no interponer denuncia alguna por el robo de las joyas y los centenarios.

Acusan de plagio a la autora de "Don Mammie Blue". La editora y escritora Eugenia Montalván Colón fue acusada de plagio durante la presentación de su libro "La magia de los mosaicos yucatecos", cuya autoría se atribuye la arquitecta Rocío Saide Albornoz. Cabe aclarar que el plagio del que se acusó a Eugenia Montalbán no tiene relación con el documental de Mammie Blue, pero se incluye esta nota como una referencia acerca de la autora de ese filme.

"Con pancartas en mano, amigos de la arquitecta cuestionaron a la escritora, quien compartió la mesa principal con la fotógrafa Laura Dzul y Abraham Guerrero Escobar, director del Museo Regional de Antropología e Historia Palacio Cantón", donde se llevó al cabo la presentación. Antes de la ceremonia amigos de la arquitecta repartieron en la entrada del museo documentos que constan su participación en el proyecto.

Rocío Saide Albornoz cuenta que cuando Eugenia le entregó la prueba de galera para las correcciones, ya tenía el registro ISBN y se presentaba como coautora. "Al día siguiente me fue a ver a mi trabajo y me dijo: sólo te vine a decir que como no estoy de acuerdo con tus correcciones te voy a quitar, no vas a ser autora. Yo le dije: Eugenia, sólo asegúrate de quitar mis párrafos, pero si lo hacía se quedaba sin libro".

Cuando todos habían hablado, el director del museo invitó a los asistentes a brindar sin dar espacio a preguntas o comentarios. Entonces una mujer levantó la mano y preguntó a la autora por qué había plagiado la obra. Acto seguido dos jóvenes de pie expusieron pancartas cuestionando a Eugenia, quien tomó el micrófono para aclarar que "Rocío hizo una investigación muy deficiente. Ella no escribió el libro, ella tuvo una idea y yo de su idea hago el libro". Con esas palabras se dio por terminada la improvisada sesión de comentarios y se invitó a los manifestantes a salir.

En la entrada del museo, la arquitecta Rocío Saide Albornoz exponía a los reporteros que el proyecto lo comenzó en 1997 con apoyo de la Dirección de Desarrollo Urbano de la Comuna (Iván Canul Ek. "Los mosaicos muestran su magia... y diferencias", en *Diario de Yucatán*, domingo, 9 de junio de 2013).

Capítulo 5. La disidencia combativa. Principales demandas LGBTTT hasta 2014

Matrimonio para Todas y Todos en Yucatán

A raíz de la aprobación en el Distrito Federal de una nueva Ley de Matrimonio entre personas del mismo sexo, se gesta en Yucatán a partir de 2008 un movimiento similar de Organizaciones No Gubernamentales que trabajan en la elaboración de una iniciativa de Ley para reformar el Artículo 94 Constitucional, así como artículos del Código de Registro Civil del Estado, con la finalidad de que también en Yucatán se legisle el Matrimonio Universal.

Entre las Asociaciones Civiles promoventes estaban: Oasis de San Juan de Dios; Grupo Indignación; Buenas Intenciones; Centro de Promoción y Defensa de los Derechos Humanos Laborales; Kookay Ciencia Social Alternativa; Asociación de Padres y Madres de Gays, Lesbianas, Bisexuales y Transgénero; Red de Personas Afectadas por VIH; y Yucatrans.

En las reuniones de trabajo para la elaboración de la iniciativa, participó el Grupo Unasse, que se desligó de la estrategia, debido a que propuso que la iniciativa que se debía presentar a la ciudadanía y al Congreso, es la Ley de Sociedades de Convivencia y no de Matrimonio entre personas del mismo sexo, con el razonamiento de que era más fácil que se aprobara la Sociedad de Convivencia en un estado como Yucatán, donde es muy fuerte la tradición cristiana y se preveía que el Matrimonio Gay iba a ser rechazado.

Esta propuesta se puso a votación, y por mayoría de las Asociaciones se optó por pedir el Matrimonio, debido a que la mayoría señaló que lo que precisamente se estaba exigiendo es la igualdad entre todos los ciudadanos y no algo menos, y si el Derecho para algunos es el Matrimonio, lo que se debía exigir era exactamente el Matrimonio entre personas del mismo sexo y no otra cosa o algo menos.

A nivel mundial el Matrimonio Homosexual se había aprobado en seis Estados de la Unión Americana, en Argentina, celebrados por medio de amparos judiciales; en Uruguay, Suecia, Noruega, Holanda Bélgica, España y Sudáfrica, además de México D. F.

En un comunicado del estas Asociaciones Civiles, fechado el 13 de noviembre de 2008, se expone que: "A fin de contribuir a que el marco jurídico en Yucatán contemple la figura del Matrimonio entre personas del mismo sexo, se da a conocer la iniciativa de reforma de Ley para reformar el Artículo 94 Constitucional, así como artículos del Código Civil y del Código de Registro Civil del Estado.

El abogado de Indignación, Jorge Fernández Mendiburo, explicó que el desconocimiento jurídico de tales uniones es un acto de discriminación. México ha firmado tratados internacionales que lo comprometen a erradicar la discriminación y eso supone otorgar todos los derechos a las personas homosexuales, sin condicionarlos por su preferencia sexual. Las reformas presentadas son bastante sencillas y concretas, y se reducen casi exclusivamente a modificaciones semánticas y de género gramatical; por ejemplo, emplear el término de "cónyuges" para referirse de manera general a los contrayentes, o cambiar "padre" y "madre" por "padres", sin especificar sexo.

La particularidad de esta propuesta de matrimonio entre personas del mismo sexo es que se llevará al pleno legislativo mediante el recurso de iniciativa ciudadana. La iniciativa ciudadana permite a los votantes apoyar con sus firmas aquellas propuestas que les parezcan prioritarias y plantear su discusión en el Congreso a través del Instituto de Procedimientos Electorales y Participación Ciudadana (IPEPAC). Esto evita someterla a intereses partidistas y a tiempos electorales.

Contra el Matrimonio Gay aparece la "Red Pro Yucatán". Al conocerse la noticia de una posible reforma jurídica en Yucatán, que haría posible el Matrimonio entre personas del mismo sexo, rápidamente en los primeros meses de 2009, apareció la nueva agrupación "Red Pro Yucatán", que inició una campaña, también por medio del acopio de firmas, para presentar al Congreso una modificación a la Constitución y al Código Civil, que establecen candados para que no se puedan realizar en Yucatán los Matrimonios Gay.

La Dra. Sandra Peniche Quintal, del Grupo Unasse, apoyando la Sociedad de Convivencia, fue una de las primeras activistas en manifestar públicamente esta aparición de la Red Pro Yucatán, a la que calificó de peligrosa, fascista y propiciadora de violencia hacia muchos núcleos de la sociedad, además de que despertará odio racial y discriminación.

"Lo que plantea es modificar la legislación local para NO dar cabida al matrimonio entre personas del mismo sexo en un alarde de intolerancia y fundamentalismo. Se empezó toda una campaña en el seno de la Iglesia católica de Yucatán, pues desde los sermones se incitaba a los feligreses a impedir que eso sucediera.

"Sostuvo que en todas las misas en particular en las de los sábados y domingos se le decía a la gente que era un deber católico impedir eso; incluso llegaron a instalar fotocopiadoras, aunque la mayoría no sabía de qué se trataba, le pedían a la gente su credencial, como se hace en los procesos electorales, que la gente no sabe ni qué, pero con el premio o el castigo se maneja.

"La propuesta de la Red es contra los propios católicos, porque los divorciados no cuentan, que son excluidos y discriminados; que aquellas personas que enviudaron y que tienen a sus hijos o hijas y los siguen creciendo, cuidando y amando, no pueden ser parte de la sociedad. Que aquellas personas que se han vuelto a casar y han reconstruido o han formado otro tipo de familia, tampoco pueden estar ahí.

"Nosotros ya tenemos lista la iniciativa del Pacto Civil de Solidaridad, que no hemos podido darlo a conocer por cuestiones técnicas, pero es una ley que va más allá, porque implica poder establecer un tipo de pacto entre personas, sin importar ni sexo ni edad, pero que puede garantizar toda una serie de seguridad social que hoy está totalmente desprotegida, concluyó" (Jaime Vargas, "Peligrosa la iniciativa de Red Pro Yucatán: Unasse" en *Por Esto!*, 3 de marzo de 2009).

Pacto Civil de Solidaridad para Yucatán no Matrimonio. En abril de 2009 la Unidad de Servicios Humanitarios en Salud Sexual y Reproductiva (SHSSR), representada por la Dra. Sandra Peniche Quintal; la Unidad de Servicios en Sexualidad (UNASSE), a través de su representante legal Licda. Amelia Ojeda Sosa; y el Sr. Gonzalo España España, quien se asumió como representante moral del Colectivo Lésbico, gay, Bisexual, Travesti, Transgénero y Transexual (LGBTTT), dieron a conocer la iniciativa ciudadana de modificación del Código Civil del Estado, para incluir la figura del "Pacto Civil de Solidaridad".

Señalaron que esta figura garantizaría beneficios para muchas personas, entre las que están hermanos o hermanas que viven juntos, ahijados que cuidan de sus padrinos y madrinas de la tercera edad, familias o parejas formadas por personas del mismo sexo, entre otras, que no cuentan con ningún tipo de protección para la transmisión de bienes ni para el otorgamiento de prestaciones sociales.

"La Licda. Amelia Ojeda Sosa, coordinadora jurídica de Unasse reveló que sólo en Coahuila se ha adoptado el Pacto

Civil de Solidaridad, por lo que tiene escasa difusión, no como la Ley de Convivencia que es más conocida y ha sido aprobada en el Distrito Federal.

"Dijo que el Pacto Civil de Solidaridad es una figura jurídica que tiene su origen en el Derecho francés y ha probado beneficios y funcionalidad en países de Europa, pero para Yucatán se elabora una iniciativa basada en esa figura, aunque adaptada para la realidad local que sería presentada como iniciativa de Ley en el Congreso del estado que se espera sea aprobada para después impulsar los cambios en la Ley del Seguro Social y otras leyes.

La Dra. Sandra Peniche, directora de SHSSR señaló que el Pacto Civil de Solidaridad no sólo está dirigido a la protección de las parejas del mismo sexo, sino hacia todas las personas y familias que deciden otras formas de relación divergentes de lo homogéneo (Germán Pasos, "Proponen iniciativa Pacto Civil de Solidaridad para Yucatán" en *Por Esto!*, 30 de abril de 2009).

Madruguete del Congreso del Estado al Matrimonio Gay. El 15 de julio de 2009, "en el filo de la clausura del período ordinario de sesiones, los diputados priístas y panistas aprobaron, sin mayores consultas a la sociedad, reformas promovidas por la denominada "Red Pro Yucatán" a través de la "iniciativa popular.

"No obstante la oportuna advertencia del riesgo de negar la diversidad de las familias y sus derechos sexuales y reproductivos, los legisladores yucatecos optaron por evadir su responsabilidad y en opinión de organizaciones de avanzada de la sociedad civil, hicieron más caso a la hipocresía y a la doble moral, en aras de cumplir con indicaciones políticas y religiosas.

"Sólo la perredista Bertha Pérez Medina utilizó la tribuna para reclamar a sus homólogos mayor tiempo de discusión, un profundo análisis y evitar el "fast track", pero sin tener éxito.

"Los integrantes del Oasis de San Juan de Dios llegaron al recinto del Poder Legislativo advertidos del sentido de las reformas. Ejemplificaron el *requiescat in pacem* de los derechos humanos con un modesto ataúd gris a las puertas del Congreso del Estado y con mantas para cuestionar cuántos crímenes más por homofobia deberán ocurrir hasta hacer algo para detenerlos.

"La sesión comenzó a las 12:54, la diputada Janice Escobedo Salazar, les dijo a los manifestantes que vamos a reunirnos y a explicar que no están cerradas las posibilidades, que pueden hacer algo, no hay candados de ningún tipo para nadie.

"El Presidente de la Comisión de Legislación y Puntos Constitucionales, Gaspar Quintal Parra, se afanó por explicar las reformas. Mencionó que existen otras figuras como el Pacto Civil de Solidaridad o la Ley de Convivencia, pues no hay objeción para nadie.

"En la tribuna sólo la perredista Pérez Medina insistía en sus argumentos: "No debemos limitar los derechos de ciertos sectores, es un error elevar el matrimonio así a rango constitucional, para eso están los códigos civiles. No seamos excluyentes, discriminatorios y con ello violemos los derechos humanos de ciertos sectores".

Las mujeres a favor de la defensa de todos se acercaron a la última fila de las curules, mostraron sus pancartas pero todo fue inútil, la decisión ya estaba tomada. No obstante una de ellas se atrevió a colocar una cartulina en la curul de la diputada Doris Candila Echeverría. Reclamaban su opinión: ¿Dónde están las diputadas en las que confiamos cuando prometieron defender los derechos de la mujer?".

Finalmente los priístas y panistas votaron estas reformas. Los grupos de ultraderecha los aplaudieron. Se dieron por bien servidos y uno a uno abandonaron la sala de sesiones. Algunos caminando hasta sus autos de lujo, bajo la lluvia, mientras en el acceso del recinto Mamie Blue se metía al ataúd para prometer su resurrección en tres días y revelar los nombres de quienes acordaron esta farsa" (Rafael Gómez Chi, "Dos visiones de la sociedad en el Congreso. Aplausos y abucheos a los diputados". *Por Esto!*, jueves 16 de julio de 2009).

Solicitud de Veto a las Reformas. Debido a que se trata de reformas a la Constitución Política del Estado de Yucatán, algunas asociaciones civiles presentaron una Solicitud de Veto a tales modificaciones, que los activistas hicieron circular por las redes sociales en un escrito fechado el 20 de julio de 2009 dirigido la entonces Gobernadora del Estado C. Ivonne Ortega Pacheco, en el que se menciona que el propósito es informar a la comunidad sobre lo sucedido y sobre las acciones a emprender por la sociedad civil.

En el escrito se da a conocer la presentación del recurso legal de apelar a la facultad de Veto al Poder Ejecutivo por una iniciativa del Equipo Indignación, a la que luego se agregaron las de Oasis de San Juan de Dios AC, Unasse AC (aunque sólo pidió el Veto para el Decreto sobre el derecho a la vida), según el mismo comunicado.

Dice que el jueves 23 de julio la Gobernadora decidió promulgar, sin modificación alguna, el Decreto relativo a la Familia y el Matrimonio (el Diario Oficial lo publicó el viernes 24) y acordó abrir un período de "recepción de propuestas" entre el 24 y el 30 de julio, para ciudadanos y organizaciones, en relación al Decreto sobre el Derecho a la Vida y una modificación sobre el aborto. Agrega que vencido este corto plazo, se supone que este segundo Decreto sería devuelto al Congreso para que lo revise en su próximo período ordinario de sesiones, a partir del próximo 1 de septiembre.

Afirma que estas reformas legislativas nos afectan a todas y a todos de una u otra manera, e implican graves retrocesos sociales, jurídicos, sanitarios y, destacadamente, en materia de Derechos Humanos. Junto con otras organizaciones y personas interesadas, pronto emprenderemos nuevas acciones para impugnarlas.

El escrito está fechado el 20 de julio de 2009 firmado por el Foro Amaro, Rubén Reyes Ramírez, Olga Moguel Pereyra y José Ramón Enríquez.

Piden intervención del Presidente de la Comisión de Derechos Humanos del Estado de Yucatán (CODHEY). Considerando que el Decreto 219 viola los derechos humanos de muchas personas, los activistas hicieron circular por las redes sociales una Carta al Presidente de la CODHEY, Lic. Jorge Victoria Maldonado, fechada el 19 de agosto de 2009, en la que presentan una solicitud al Ombudsman yucateco, para que promueva el recurso de inconstitucional contra el mencionado decreto. Lo más destacado de esa carta es lo siguiente:

"Mérida, Yucatán, a 19 de agosto de 2009. C Jorge Victoria Maldonado, Presidente de la Comisión de Derechos Humanos del Estado de Yucatán. Quienes suscribimos la presente queremos expresarle nuestro profundo malestar por la pasividad que usted ha exhibido a raíz de la aprobación de dos reformas legislativas que implican un grave retroceso en materia de Derechos Humanos en Yucatán y frente a las cuales usted ni se ha manifestado, ni ha expresado posicionamiento alguno que cuestione la arbitrariedad con la que las autoridades y los poderes públicos siguen actuando en nuestro estado. Las dos reformas, como ya sabe, son las aprobadas el día 15 de julio por el Congreso del Estado, una de las cuales restringe la posibilidad de que hombres y mujeres homosexuales accedan al matrimonio y/o al concubinato, cancelando también la posibilidad de que personas solteras adopten; y la otra que protege la vida desde la concepción, negando los derechos a la salud, a la libertad de conciencia, y los sexuales y reproductivos de las mujeres yucatecas, entre otros. De ambas se desprenden consecuencias graves hacia dos colectivos históricamente discriminados y que, justamente por esa razón, requieren especial protección por parte del Estado y específicamente de la Institución Pública creada para proteger los Derechos Humanos.

"Lo anterior nos sirve, finalmente y a pesar de la fundada sospecha de que sus temores pesarán más que su obligación de proteger los derechos humanos, para exigirle nuevamente que presente las acciones de inconstitucionalidad contra las dos propuestas citadas pues le recordamos que, independientemente de las reiteradas omisiones en las que ha incurrido en su mandato, usted sigue siendo el servidor público nombrado para proteger los derechos humanos en la entidad y esas leyes los violan de manera flagrante.

Atentamente: Unidad de Atención Sicológica, Sexológica y Educativa para el Crecimiento Personal AC; Foro Cultural Amaro; Red de Personas Afectadas por VIH; Oasis de San Juan de Dios AC; Indignación; Promoción y Defensa de los Derechos Humanos AC; Padres y Madres por la Diversidad Sexual; Grupo Yucatán; Buenas Intenciones AC; Yucatrans; Comisión de Pueblos Indígenas en VIH/sida Yucatán; Kóokay Ciencia Social Alternativa A.C; Servicios Humanitarios en Salud Sexual y Reproductiva AC; Foro Permanente por la Defensa de Nuestros Sistemas Peninsulares; Muuch Tamba Meyaj; Teatro Hacia el Margen AC; Grupo Primero de Mayo; Marbella Casanova Calam; Juan Alberto Bermejo Suaste; Enrique Montalvo Ortega; Ruby Betancourt; Jesús Peraza Menéndez; Mariana Rodríguez Sosa; Judith Ortega; Juan Cristóbal León Canto; Rosa Elena Solís Blanco; Ileana I. González Sánchez.

CODHEY no impugnará decreto sobre la familia. En respuesta a las solicitudes de intervención de la CODHEY en relación a las reformas consideradas como contrarias al avance democrático, y atentatorias contra los derechos humanos elementales de los ciudadanos en Yucatán, el Lic. Jorge Victoria Maldonado, presidente de la Comisión de los Derechos Humanos del Estado de Yucatán en esas fechas, emitió un boletín de prensa que se publicó en diversos medios impresos, así como en la página electrónica de la institución, fechado el sábado 22 de agosto de 2009, y que reproduzco íntegro a continuación:

"Boletín Informativo. CODHEY no impugnará decreto sobre la familia. La Comisión de Derechos Humanos del Estado de Yucatán resolvió no ejercer la acción de inconstitucionalidad contra el Decreto número 219 publicado en el Diario Oficial del Gobierno del Estado de Yucatán el 24 de julio de los corrientes, sobre el tema de la familia y que contiene las reformas a los Artículos 94 de la Constitución Política y 316-A fracción V del Código Civil, ambos del Estado de Yucatán, al no encontrar los elementos adecuados para interponer dicha acción.

El pasado 7 de agosto del año en curso, 9 organizaciones de la sociedad civil y 2 agrupaciones culturales solicitaron por escrito a la CODHEY el estudio de las reformas antes mencionadas con el fin de determinar la procedencia del ejercicio de dicha acción.

En el análisis, se incluyen dos precisiones generales las cuales dan razón para excusar dichos puntos de su análisis, pues escapan de la esfera de competencia ya que su contenido no puede servir para fundamentar una acción de inconstitucionalidad.

Esta Comisión permanecerá atenta para continuar velando por el respeto irrestricto a los derechos fundamentales de las personas ante las instancias correspondientes. Estaremos al pendiente para actuar de inmediato ante cualquier denuncia o queja que se presente al respecto.

Reiteramos nuestro compromiso con la defensa, protección, estudio y divulgación de los Derechos Humanos en el Estado. Coordinación de Comunicación Social CODHEY. Sábado 22 de agosto de 2009.

Se opone la Iglesia. A finales de enero de 2010, del 29 al 31, se llevó a cabo en Mérida, el "II Congreso de Salud, Vida y Familia" en el que estuvo como invitado de honor el Cardenal Ennio Antonelli, presidente pontifico de la Familia en el Vaticano, quien el 28 de ese mes de enero, ofreció una conferencia de prensa, en la que, entre otros asuntos, señaló la oposición de la Iglesia católica hacia el Matrimonio Gay. Este Congreso se desarrolló en el Centro de Convenciones Siglo XXI, y estuvo organizado por la Arquidiócesis de Yucatán, Comisión Diocesana para la Pastoral Juvenil, Comisión Diocesana para la Pastoral Familiar, Comisión Diocesana de Pastoral de la Salud, Equipo Diocesano Promotor de Paternidad Responsable, Asociación de Médicos Católicos (AMCY), Asociación Católica de Abogados (ACA), Caballeros de Colón, Vida y familia, A.C. (VIFAC), Médicos a Favor de la Vida, A.C, y Salvemos una Vida A.C.

En esa rueda informativa es tuvieron también el Arzobispo Emilio Carlos Berlié Belaunzarán; el Obispo Auxiliar, Rafael Palma Capetillo; el Lic. Herminio Piña Valladares y el Dr. Gregorio Cetina Sauri, representantes de las agrupaciones mencionadas.

El Cardenal Ennio Antonielli dijo que la Iglesia Católica considera que el Matrimonio Gay no enriquece a la sociedad. "La Iglesia no desea que las personas homosexuales sean objeto de un rechazo o castigo, porque todas las personas tienen que ser respetadas, pero esto no significa que objetivamente un matrimonio entre ellas sea un enriquecimiento para la sociedad, pues ésta ha reconocido el matrimonio entre hombre y mujer, porque reconoce en ello un bien para todos, ya que de ahí provienen los nuevos ciudadanos, y de ahí viene la familia, vienen también grandes virtudes sociales como el amor, la confianza recíproca y la proyección de los ideales hacia el futuro.

"Ennio Antonielli, cuyo cargo en Roma equivale al de un Secretario de Estado, aclaró que al expresarse así lo hace como un hombre que razona, no como un hombre de fe, pero si lo hiciera como hombre de fe, tendría que explicar que en el Nuevo Testamento hay palabras muy contrarias a la homosexualidad (Roberto López Méndez, Matrimonio homosexual no enriquece a la sociedad, en *Por Esto!*, 28 de enero de 2010).

Ivonne Ortega Pacheco, "Gobernadora homofóbica". En el mes de mayo de los años 2011 y 2012, los representantes de las Asociaciones civiles que estuvieron en contra de las reformas constitucionales referentes a la familia, así como otras que se habían sumado al movimiento, llevaron a cabo plantones frente el Palacio de Gobierno, para exigir a la Gobernadora de entonces Ivonne Ortega Pacheco, que lleve a cabo las acciones correspondientes para la eliminación de las nuevas leyes que, de acuerdo con los planteamientos de los activistas, son violatorias a los derechos humanos.

El 13 de mayo de 2011, en el marco de la celebración del Día Mundial contra la Homofobia, las organizaciones montaron un plantón frente al Palacio de Gobierno. Cabe mencionar que la fecha que se celebra es del día 17, pero se puede entender que las Asociaciones decidieron adelantar la fecha del plantón para realizarla el día 13, fecha en se celebra a la Virgen de la Concepción, en un claro mensaje a los grupos eclesiásticos y religiosos que promovieron las mencionadas reformas.

Aunque no dijeron expresamente que la entonces Gobernadora era homofóbica, le expresaron en un escrito presentado en la Oficialía de Partes, que en caso de no responder positivamente a las demandas planteadas desde la aprobación de las reformas, se entendería su desprecio hacia quienes desde siempre han sido discriminados y marginados. (Aquí se puede mencionar que en la Marcha del Orgullo del año de 2009 la Gobernadora esperó en las puertas de Palacio de Gobierno el paso de la columna, para besar a algunos de los organizadores, dando a entender con esta acción que simpatizaba con el movimiento LGBTTT, lo que algunos representantes de las Asociaciones contrarias a las reformas, llamaron "el beso de Judas", señalando que con esta acción se traicionó el sentido de las manifestaciones de las Marchas del Orgullo. Este acontecimiento y su contexto lo menciono también en el capítulo de las Marchas del Orgullo en Mérida.

En el plantón de mayo de 2011, las Asociaciones presentaron una solicitud de intervención a la Gobernadora, fechada el 13 de mayo de ese año. Atendiendo a las obligaciones que en materia de combate a la discriminación se deriven de los principales Tratados de Derechos Humanos y de la propia Constitución, solicitamos que atienda las peticiones planteadas y realice acciones reales y efectivas para combatir la discriminación por preferencia sexual, de lo contrario se entenderá que sus expresiones de simpatía por lo movimientos que defienden diversidad sexual son actos meramente discursivos sin un impacto real en políticas públicas que beneficien a un grupo social históricamente discriminado.

Sin otro particular, esperamos su respuesta oportuna. Responsable Carlos Renán Méndez Benavides, rúbrica. Atentamente: Alter-Int AC; Buenas Intenciones AC, Centro de Promoción y Defensa de los Derechos Humanos Laborales AC (CEPRODHEL); Ciudadanos Yucatecos por la Diversidad; Comisión de Pueblos Indios en VIH-Sida en Yucatán; Familias por la Diversidad Sexual grupo Yucatán; Foro Cultural Amaro; Grupo Multisectorial Ciudadano en VIH-Sida en Yucatán; Indignación, Promoción y Defensa de los Derecvhos Humanos AC; Kookay, Ciencia Social Alternativa; Oasis de San Juan de Dios AC; Red de Personas Afectadas por VIH (Repavih); Yucatrans.

Iniciativa para el Matrimonio Universal. En octubre de 2012, un grupo de Asociaciones civiles, académicos y activistas, convocaron a un foro público en el Auditorio del Centro Cultural "Olimpo" del Ayuntamiento de Mérida, para recoger propuestas y elaborar una iniciativa que sea presentada al Congreso del Estado, para modificar las reformas de 2009. En ese Foro se acordó que la iniciativa que se presentaría ante el Congreso, es el establecimiento del Matrimonio Universal.

El 27 de noviembre de 2012 fue presentada esta iniciativa, y entre lo que lo que se dio a conocer en los medios está lo siguiente:
"Con el apoyo del Partido de la Revolución Democrática (PRD), un grupo de organizaciones civiles de Yucatán presentó una iniciativa de reforma de ley para permitir la realización de matrimonios sin distinción de género ni orientación sexual en esta entidad, que por las reformas de 2009 no se considera como una opción legal.

La iniciativa presentada por el grupo Matrimonio para Todos en Yucatán, y que fue recogida por el PRD, intenta cambiar las reformas hechas en 2009 en la LVIII Legislatura estatal y en las que con el voto mayoritario de los Partidos Revolucionario Institucional y Acción Nacional se estableció que, tanto el matrimonio como el concubinato en Yucatán, sólo pueden concurrir entre un hombre y una mujer.

La iniciativa se entregó en la Oficialía del Congreso del Estado de Yucatán, y fue también presentado en la sesión del pleno de la Cámara de Diputados local el 17 de noviembre de 2012, en la que el diputado perredista local, Bayardo Ojeda Marrufo, consideró que la legislación vigente incurre en una violación a las garantías individuales de las personas con una orientación sexual distinta a la heterosexual.

Bayardo Ojeda aclaró que la iniciativa tiene por efecto solamente eliminar la figura de "hombre-mujer" para la conformación de una pareja legalmente reconocida como matrimonio y que lo permita a cualquiera. Señaló que no se trata de buscar, en este momento, otros efectos como la adopción entre personas del mismo sexo, por ejemplo ("Piden matrimonio para todos en Yucatán", en: *Animal Político*, página electrónica, 28 de noviembre de 2012).

Demanda del 17 de mayo de 2013. El 17 de mayo de 2013, representantes de diversas asociaciones civiles, realizaron plantones a las puertas del Palacio de Gobierno, Palacio Municipal y Congreso del Estado, colocando letreros de "Clausurado" y portando pancartas en las que se leía la exigencia de la intervención de las autoridades para corregir las leyes homofóbicas.

En los recintos mencionados entregaron un pliego petitorio, mismo que circuló por las redes sociales, dirigido al Dip. Luis Hevia Jiménez, Presidente de la Junta de Gobierno y Coordinación Política del Congreso del Estado de Yucatán; Dip. Dafne López Martínez, Presidente de la Mesa Directiva del Congreso del Estado de Yucatán; Lic. Rolando Zapata Bello, Gobernador Constitucional del Estado de Yucatán; C. Renán Barrera Concha, Presidente Municipal de Mérida.

Firman el escrito: Colectivo Ciudadano por el Matrimonio para Todos y Todas en Yucatán. Indignación, Promoción y Defensa de los Derechos Humanos, A.C; Alternativa Yucateca Integral para el Desarrollo Humano, A.C; Dueñ@ de mi Sexualidad, A.C; Unidad de Atención Sicológica, Sexológica y Educativa para el Crecimiento Personal, A.C; Oasis de San Juan de Dios, A.C; Red de Personas Afectadas por VIH; Ciencia Social Alternativa, A.C. (Kóokay); Grupo Les Visibles; Derechos, Cultura y Diversidad Sexual, A.C; Amaro, Foro Cultural; Coordinación de la Diversidad Sexual del Camino Real; Centro de Estudios Superiores en Sexualidad, A.C; Grupo Multisectorial Ciudadano en VIH/SIDA en Yucatán. Mérida, Yucatán, a 17 de mayo de 2013.

Primer Matrimonio Gay en Yucatán. El 26 de marzo de 2013, Javier Carrillo y Ricardo Góngora acudieron a las instalaciones del Registro Civil para realizar una solicitud formal de matrimonio. Los funcionarios de dicha institución, argumentando que la definición establecida por el artículo 49 del Código de Familia del Estado, se refería a la unión entre un solo hombre y una sola mujer, se negaron a dar fecha para la celebración del mismo.

Ante estos hechos, el día 25 de abril, Javier y Ricardo, asesorados por integrantes del Colectivo Ciudadano por el Matrimonio para todos y todas en Yucatán y con la colaboración del Frente Oaxaqueño por el respeto y Reconocimiento de la Diversidad Sexual, presentaron un juicio de amparo ante los Juzgados de Distrito con sede en Mérida, tocando al Juzgado Tercero de Distrito conocer del mismo. En dicho Juicio, Javier y Ricardo reclamaron, entre otras cosas, violaciones a los derechos humanos a la no discriminación por preferencia sexual, a la protección del desarrollo y organización de la familia, así como al libre desarrollo de la personalidad, entre otros.

El Abog. Jorge Fernández Mendiburo, abogado de Indignación AC dio a conocer que el día lunes 1 de julio de 2013, el Juzgado Tercero de Distrito con sede en Mérida, notificó a Javier Carrillo y Ricardo Góngora la sentencia correspondiente al juicio de amparo 497/2013 presentado por ellos ante la negativa del Registro Civil del Estado de Yucatán a acceder a su solicitud de matrimonio.

Es una sentencia histórica para el Estado de Yucatán, señaló el Abog. Jorge Fernández Mendiburo, ya que la justicia federal determinó conceder el amparo y protección jurídica a Javier y Ricardo. La Juez Tercero, al fundamentar su resolución, afirmó:

1.- Que la protección que la Constitución Federal reconoce para la familia, no se limita a una sola definición de familia, sino que implica reconocer todas las formas y manifestaciones en cuanto realidad social existente.

2.- Que la relación jurídica matrimonial ha dejado de vincularse al fin de la procreación, sosteniéndose, primordialmente, en los lazos afectivos, sexuales, de identidad, solidaridad y de compromiso mutuos de quienes desean una vida en común.

3.- Que el derecho a la igualdad significa no hacer diferencias ente los individuos con la finalidad de discriminarlos o darles un trato preferente frente a otros.

4.- Que la dignidad humana, como un derecho superior reconocido por el sistema jurídico mexicano, deriva, entre otros el libre desarrollo de la personalidad, es decir el derecho de todo individuo de elegir, de forma libre como vivir su vida, lo que comprende, entre otras expresiones, la libertad de contraer matrimonio, así como su libre opción sexual.

El abogado de Indignación dijo que a partir de lo anterior, determinó que el matrimonio, como se encuentra regulado en el artículo 49 del Código de Familia, viola las garantías de igualdad y no discriminación contenidas en los artículos 1° y 4° Constitucional, puesto que el matrimonio entre personas del mismo sexo, no es una amenaza u oposición a la conservación de la familia… pues la transformación y secularización del matrimonio y de la sociedad ha resultado en una gran diversidad de formas de constituir una familia que no surgen necesariamente del matrimonio entre hombre y mujer…

La Juez Tercero, en consecuencia, ordenó al Registro Civil aplicar, a favor de Javier y Ricardo, la figura del Matrimonio de conformidad con el principio constitucional de igualdad, de suerte que se entienda que el Matrimonio es una institución por medio del cual se establece la unión voluntaria y jurídica celebrado entre dos personas, con igualdad de derechos, deberes y obligaciones.

La sentencia relativa determina claramente que normas familiares como las vigentes en el Estado de Yucatán, que impiden que una pareja de mismo sexo acceda al matrimonio, son discriminatorias. En consecuencia el Congreso tiene la obligación de adecuar la normatividad estatal al principio de igualdad y no discriminación tal como lo ha establecido la sentencia en cuestión y garantizar el matrimonio y el concubinato universales.

Firman el comunicado: Indignación, Promoción y Defensa de los Derechos Humanos, A.C.; Alternativa Yucateca Integral para el Desarrollo Humano, A.C; Dueñ@ de mi Sexualidad, A.C; Unidad de Atención Sicológica, Sexológica y Educativa para el Crecimiento Personal, A.C.; Oasis de San Juan de Dios, A.C.; Red de Personas Afectadas por VIH; Ciencia

Social Alternativa, A.C. (Kóokay); Grupo Les Visibles; Derechos, Cultura y Diversidad Sexual, A.C.; Amaro, Foro Cultural; Coordinación de la Diversidad Sexual del Camino Real; Centro de Estudios Superiores en Sexualidad, A.C.; Grupo Multisectorial Ciudadano en VIH/SIDA en Yucatán.

Este comunicado se dio a conocer en los medios de la localidad, y circuló por las redes sociales a través de la página electrónica de Indignación AC.

En la conferencia de prensa que ofrecieron los representantes de las Asociaciones no gubernamentales, el Abog. Jorge Fernández Mendiburo, mencionó que si llegara a solicitar un amparo por cuatro parejas más del mismo sexo, y éstas resultan favorables, se crearía en Yucatán la suficiente Jurisprudencia, para que en lo sucesivo, las parejas del mismo sexo, puedan acceder al Matrimonio, sin necesidad de recurrir a la Justicia federal para que les otorgue un amparo. Reveló que a la fecha de 2 de julio de 2013, ya había al menos ocho parejas interesadas en promover un amparo para que su matrimonio se realice en Yucatán.

El Gobierno del Estado acata la Resolución federal. El 16 de julio de 2013, en un boletín de prensa el Gobierno del Estado de Yucatán dio a conocer a través de los medios de la localidad que acata la resolución de la Juez Federal. El comunicado dice lo siguiente:

"En atención a la resolución emitida en el amparo número 497/2013-I promovido por Javier Alberto Carrillo Esquivel y Ricardo Arturo Góngora, con fecha de 10 de junio de 2013, por medio de la cual se les concede el Amparo y Protección de la Justicia Federal solicitado para efecto de que no se les aplique lo dispuesto en el numeral 49 del Código de Familia del Estado de Yucatán, la Dirección del Registro Civil del Gobierno manifiesta lo siguiente:

Priorizando el bienestar de la población y tomando en cuenta de que Yucatán es una entidad en donde impera el Estado de Derecho, se acatará la decisión de la Juez Federal y se procederá en consecuencia a atender la solicitud de Javier Alberto Carrillo Esquivel y Ricardo Arturo Góngora".

Matrimonios de yucatecos en el Distrito Federal. En 2008, después de aprobarse en el Distrito Federal el matrimonio entre personas del mismo sexo, el primer matrimonio de yucatecos que se realizó legalmente en la Ciudad de México, fue el de una pareja oriunda del puerto de Progreso, formada por Ana Naomi Arjona Rosas y Manuel Rodríguez García, registrada el 17 de septiembre de 2010, y cuya celebración se llevó a cabo en Progreso en noviembre de ese mismo año ("Yucatán tiene el primer matrimonio gay". En *Reporteros Hoy*, Revista Electrónica, 6 de noviembre de 2010).

Otra pareja de yucatecos casados en el Distrito Federal, se realizó en mayo de 2011, formada por Edgar Mora y Jorge Espinosa, quienes están domiciliados en Cancún, Quintana Roo, donde interpusieron un amparo en abril de 2012 para que el IMSS, los reconozca como matrimonio y les otorgue las prestaciones. El mencionado amparo después de 18 meses les fue favorable, notificándoles en junio de 2013, que la Justicia federal ordenó a la Delegación del IMSS en Cancún, afiliarlos en un plazo no mayor a 48 horas (Leslie Gordillo. "Celebran afiliación gay ante el IMSS". *La Verdad de Yucatán*, 4 de junio de 2013).

Los yucatecos Hervé España y Jorge Baeza también se casaron en el Distrito Federal en 2011 y la celebración de su matrimonio se llevó a cabo en el mes de abril de 2012 en la Hacienda Tekik de Regil, a la que asistieron familiares y amigos de los cónyuges ("Boda Hervé España y Jorge Baeza". En: Revista *Mid Open*, Edición 10, pp 8-9, mayo de 2012).

El Sr. Carlos Narváez y su pareja Miguel Ángel Santoyo Torres se casaron en el DF el 16 de junio de 2012. En junio de 2013 circularon por las redes sociales las felicitaciones por un año de feliz matrimonio de la pareja de yucatecos, que también acudieron al Distrito Federal para contraer nupcias.

Primer Concubinato en Yucatán. A través de un comunicado conjunto, las asociaciones civiles: Grupo Multisectorial Ciudadano en VIH/Sida en Yucatán, Indignación, Promoción y Defensa de los Derechos Humanos AC, y Oasis de San Juan de Dios AC, dieron a conocer el reconocimiento del primer concubinato de una pareja del mismo sexo en la historia de Yucatán.

El día 31 de octubre de 2013, el Poder Judicial del Estado de Yucatán reconoció, por primera vez en la entidad, la condición de concubinos a una pareja del mismo sexo.

El 15 de agosto de 2013, Carlos y José presentaron, ante el Juzgado Tercero Mixto de lo Civil y Familiar del Primer Departamento Judicial del estado, con sede en Motul, unas diligencias de jurisdicción voluntaria para que dicho órgano judicial les reconociera la calidad de concubinos.

Entre otras cosas, la juzgadora señaló que, a pesar de que el artículo 201 del Código de Familia del Estado de Yucatán define el concubinato como "la unión de un hombre y una mujer... quienes hacen vida en común de manera notoria, permanente", el artículo 1° de la Constitución Federal y el 1 y 2.1 de la Convención Americana y del Pacto de Derechos Civiles y Políticos, respectivamente, establecen que el acceso a los derechos humanos se debe garantizar en condiciones de igualdad y no discriminación, razón por la cual resultaba procedente conceder la solicitud de concubinato, atendiendo, además, al deber que tiene toda autoridad de promover, respetar, proteger y garantizar los derechos humanos, derivado del citado Artículo 1 Constitucional.

Con lo anterior, la Jueza Tercero de Motul aplicó el control de la constitucionalidad y la convencionalidad, haciendo efectivo el principio pro persona a favor de Carlos y José, con lo cual podrán gozar de los derechos derivados del reconocimiento legal de su unión, entre otros el derecho a la salud, sucesiones, herencias, etcétera (Matrinonio para Tod@s en Yucatán, página de Facebook consultada en noviembre de 2013).

Denuncia en 2014 contra el Congreso de Yucatán abre la puerta a matrimonios gay.
Organizaciones de la sociedad civil en Yucatán interpusieron un recurso legal contra el Congreso del Estado. Esta acción legal tiene alcance general, por lo que de proceder abriría la posibilidad de la regulación de matrimonios y concubinatos entre personas del mismo sexo en Yucatán.

Mediante el documento, los grupos civiles buscan que el Congreso modifique la Constitución estatal y su Código de Familia en los que existen principios discriminatorios que dejan sin protección a las familias y parejas compuestas por personas del mismo sexo en la entidad.

La denuncia representa la primera vez a nivel nacional que se recurrirá a un mecanismo constitucional estatal para denunciar a un órgano normativo y demandarle que corrija una omisión. Además, a diferencia del amparo, que sólo protege a los promoventes, esta acción legal tiene alcance general, por lo que de proceder abriría la posibilidad de la regulación de matrimonios y concubinatos entre personas del mismo género en Yucatán.

El recurso fue interpuesto ante el Tribunal Constitucional del Estado bajo la figura de Acción contra la omisión legislativa o normativa en la que estaría incurriendo el Legislativo estatal que en 2009 aprobó una ley que establece que el matrimonio y el concubinato, considerados base de la familia en la entidad, sólo puede concurrir entre un hombre y una mujer.

En un estado en el que al menos 10 parejas han obtenido por la vía del amparo resoluciones que ordenaron al Registro Civil estatal ignorar las leyes estatales y llevar a cabo matrimonios civiles sin distinción de la orientación o preferencia sexual de los demandantes, la denuncia abre un nuevo capítulo en la lucha de la comunidad homosexual por sus derechos ciudadanos.

Las agrupaciones demandantes son: Indignación- Promoción y Defensa de los Derechos Humanos, Oasis San Juan de

Dios y Unidad de Atención Sicológica, Sexológica y Educativa para el Crecimiento Personal (UNASSE) (Luis Castrillón, "Denuncia contra el Congreso de Yucatán abre la puerta a matrimonios gay". Revista electrónica *Animal Político*, mayo 17 de 2014).

Movimiento por la Transgeneridad

Dentro del activismo de la sociedad civil por el reconocimiento de las diversidades sexogenéricas, aparecen en Yucatán desde 2011 las primeras manifestaciones a favor de la transgeneridad, que demandan la incorporación en el Marco Jurídico del Estado, de leyes, reglamento y acciones, para la atención, principalmente en los campos de la salud, educación, ciudadanización y empleo, de las personas tránsgenéricas y transexuales.

Las personas tránsgenero o transgenéricas son los hombres y mujeres, cuya identidad sexogenérica, descubierta y desarrollada de manera individual, no corresponde a su sexo biológico. Por esta razón, muchos transgéneros inician tratamientos, por lo general, de manera autoaplicada, para cambiar su aspecto físico corporal, y algunos llegan a someterse a cirugías de cambio de sexo. A este tránsito de un cuerpo masculino a uno femenino, o de un cuerpo femenino a uno masculino, se llama transexualidad.

Hay que aclarar que la OMS define transexualidad, al proceso del cambio físico, e introduce los conceptos de "Transexual Pre Op" en el que se incluye a las personas con cambios físicos hacia la apariencia que desean, y "Transexual Pos Op", que son las personas que ya se han sometido a una cirugía de sus genitales para cambiar de sexo. Esta aclaración, es indispensable, porque antiguamente se decía "transexual" solamente es la persona que se había sometido a una operación de genitales, y hoy el término es más amplio, debido a que no todas las personas que desean una operación de genitales están en la posibilidad de realizársela, por razones económicas, por el estado de salud física, o la edad, pero potencialmente son transexuales, y de allí el concepto "Transexual Pre Op" de la OMS. En el D.F., la legislación no exige que las personas Trans deban intervenirse quirúrgicamente para poder promover su cambio de nombre y sexo, ya que desde la perspectiva de la legislación mexicana y de acuerdo a los sexólogos especialistas en México, la Transgeneridad y Transexualidad no es una cuestión de hecho, sino de derecho.

En la actualidad y puede decirse que desde los años 70, se vuelve más notorio en la ciudad de Mérida, el número de personas transexuales, que han recurrido a algún tratamiento para la modificación de su cuerpo físico. A finales de los años 70 y la década de los 80 se conocieron los tratamientos a base de hormonas, y los que primero los adoptaron fueron los varones transgénero.

Los tratamientos de hormonas en los varones consiste en ingerir vía oral o inyectarse vía intramuscular, cantidades fuertes de hormonas femeninas. Estas fórmulas hormonales son las disponibles en las farmacias como anticonceptivos, que a las mujeres las previene de embarazos no deseados, y en los hombres contrarresta la producción de testosterona, hormona masculina, y produce acumulación de grasa principalmente en pechos y nalgas, lo que da a los hombres una apariencia femenina. Además en algunos, les produce alopecia, caída de bello, refinamiento de la piel, y según muchos informantes, hasta el adelgazamiento de la voz.

Pero no todo es miel sobre hojuelas en los tratamientos hormonales autoaplicados de los hombres trangénero, pues también les pueden provocar reacciones no deseadas en la salud, desde desequilibrios en las sensaciones, como por ejemplo sentir hambre permanentemente, lo que les ocasiona aumentar de peso y talla, precisamente lo que no desean, así como también aparición de manchas obscuras en la piel de cuello y cara, o desvanecimientos y mareos repentinos, entre otras reacciones que pueden causar la ingestión e inoculación de hormonas femeninas en los hombres.

A finales de los años 80, los transgéneros, así como muchas mujeres bailarinas de centros nocturnos de la ciudad de Mérida, empezaron a utilizar el compuesto "Gadital Yódico" que es una fórmula aceitosa, recomendada o recetada para el tratamiento de la congestión de las vías respiratorias. Este medicamento, venía en presentación de cajas con cinco ámpulas, de 10 mililitros cada una, y los hombres transgénero se inyectaban al menos 10 cajas en cada nalga, y otras 10 cajas en cada cadera, y diversas cantidades en las pantorrillas.

Se recomendaba por los expertos en la inyección del Gadital, -que por lo general no eran ni médicos, ni enfermeros-, que la presentación del medicamento sea el que indicaba que contenía el aceite de guayacol, ya que éste es que permanecía por más tiempo y se fijaba en la grasa corporal y no se eliminaba con la orina.

El Gadital Yódico con aceite de guayacol, proporciona resultados inmediatos, ya que las partes en las que inyecta el compuesto aumentan rápidamente de volumen, en el mismo instante en que el aceite es inyectado. Este tratamiento con aceite era recomendado sólo para el aumento de nalgas, caderas y pantorrillas, pero nunca de senos, porque los que aplicaban el tratamiento indicaban que era muy riesgoso por la proximidad del corazón. Sin embargo, conocimos a algunos transgéneros que nos aseguraron que se inyectaron el aceite hasta en los pechos, logrando crecimiento de bustos, para una apariencia más femenina.

Más recientemente durante los años 90 y hasta la actualidad, han sido muy recurridos los tratamientos a base de aceite de cocina, de los cuales muchos informantes mencionan la marca "Capullo". Las inyecciones de aceite comestible tienen los mimos resultados que el aceite Gadital, con la ventaja que un litro de aceite Capullo cuesta unos veinticinco pesos, cuando el Gadital llegó a costar, una cajita de cinco ámpulas, más de ciento veinte pesos.

Estos métodos con aceite son muy agresivos para el cuerpo, y han sido reportados casos de efectos muy graves, como la descomposición del aceite en el interior del organismo, por lo que los y las pacientes son intervenidos quirúrgicamente para extraerles la materia o pus, para evitar el riesgo de una gangrena, y en caso extremo la pérdida de la extremidad, de lo que afortunadamente en la localidad no se ha reportado ninguna amputación por esta causa.

Los casos más preocupantes, aunque menos frecuentes, o menos conocidas, han sido las caídas en estado de coma, las embolias y parálisis parciales, y las muertes a causa de las inyecciones con aceites. Hay informes que algunas personas han empezado la utilización de inyecciones de aceite de vehículos por su mayor permanencia en el cuerpo y mayor tiempo en el proceso de eliminación.

Dentro de las razones por las que los transgéneros manifiestan recurrir al uso del aceite de cocina, están las ya mencionadas acerca de su mucho menor costo, así como de los inmediatos resultados. Pero también, se ha revelado que, debido al contexto del sexoservicio en que muchos trangéneros y transexuales se desenvuelven, éstas personas han optado por la utilización de aceites más que a los tratamientos hormonales.

La razón es muy simple, muchos de los transgéneros y transexuales son contratados por los clientes de esta rama del sexoservicio, para ser el cliente el penetrado, y para que el contratante sea quien realice el sexo oral al contratado. Lo que parecería al exterior de este contexto del sexoservicio transexual, es que los sexoservidores transgenéricos son contratados para ser penetrados por sus clientes, pero lo que se da con mucha frecuencia, es que los trangéneros sean quienes penetren a sus clientes, o que las técnicas sexuales se den de manera mutua entre contratante y contratado.

Los tratamientos con hormonas femeninas en los hombres, por lo general reducen la potencia sexual masculina y disminuyen la función eréctil, lo que les es indispensable para la prestación de servicios sexuales. En cambio con tratamientos a base de inyecciones de aceites, las capacidades viriles de los transgéneros, no se reducen, incluso continúan con la fisiología del placer sexual masculino en sus contactos eróticos con sus parejas afectivas también masculinas, fuera del mercado sexual transgenérico.

La situación expuesta de la problemática que enfrentan las personas transgéneros y transexuales, referentes a sus tratamientos, arriesgando su propia vida, las escasas oportunidades laborales, por las que se dirigen al sexoservicio, exponiéndose a todo tipo de situaciones que supone el mercado clandestino del trabajo sexual transgénero, y el contexto de la cultura transfóbica, de falta de atención a la salud, la educación sobre la diversidad sexogenérica, y la falta de empleos para los transexuales y transgéneros en Yucatán, han impulsado y motivado a los activistas sociales a iniciar desde 2011 en la localidad un movimiento a favor de los Derechos de las Personas Transgéneros y Transexuales.

A nivel mundial se ha avanzado un poco en el reconocimiento de las expresiones transgenéricas y transexuales, y en diciembre de 2012, se dio a conocer a nivel internacional que los transexuales ya no son enfermos mentales. "Así lo certifica la nueva edición del DSM-5, acrónimo en inglés del Manual Diagnóstico y Estadístico de Enfermedades Mentales, elaborado por la Asociación Americana de Psiquiatría (APA, en sus siglas en inglés), y sólo conserva la "Disforia de género", es decir, la angustia que sufre la persona que no está identificada con su sexo masculino o femenino" (*El País*, Madrid, 5 de diciembre de 2012, página de Internet).

"Ser y no ser" la transexualidad mostrada sin prejuicios. El 1 de diciembre de 2009, se presentó en Multicinemas de Plaza Altabrisa la premier de la película "Ser y no ser", y estuvo en cartelera durante 15 días. Es un documental sobre el tema de la transexualidad y la transgeneridad, con la característica muy importante de que muestra un caso de la vida real, la del yucateco Raúl García Santinelli, quien nació en un cuerpo de mujer y tuvo que enfrentar miles de obstáculos y sufrimientos, desde los legales hasta los tratamientos quirúrgicos, para llegar a ser quien quería ser.

La productora del film, Sra. Ana Cristina Barbachano, quien fuera su tercera y última esposa, ya que Raúl falleció en 2007 de un infarto en el que nada tuvo que ver su cambio de sexo, dio a conocer que la película es un intento por ofrecer información desprejuiciada a todos, acerca del fenómeno social, psicológico y cultural de la transgeneridad y la transexualidad, de ese colectivo que es rechazado por automatización y son personas poco comprendidas. "Nos guiamos sólo por el exterior y no vemos la inmensidad de virtudes y potencialidades que las personas llevan en su interior", expresó.

Indicó que Raúl de pequeño se llamaba Guadalupe, y fue él quien eligió para sí el nombre de Raúl, que pintaba en su pupitre desde su primera infancia. Señaló que el documental incluye muy valiosa la información de los médicos, psiquiatras, así como personas muy cercanas que conocieron a Raúl, familiares y amigos, aunque mencionó que en muy pocas ocasiones él hablaba de su condición de transgénero.

Manifestó que la película muestra a un persona de la vida real, originaria de esta ciudad de Mérida, no es una ficción, y se ofrece como un cúmulo de información y de experiencias para todas las personas que quieran abrir su corazón, y aunque no se esté cercano a un familiar transgénero y aunque no tengamos amigos con esta condición, esta película tocará fibras muy sensibles de nuestra humanidad. "No se trata de alimentar el morbo de nadie, sino dar a conocer un hecho tal y como lo vivimos, y presentar la valiosa información", aseveró.

Precisó que la transgeneridad no es una enfermedad, ya que los enfermos llegan al médico con síntomas y el médico es quien diagnostica la enfermedad; en cambio el transgénero manifiesta su condición como una autodeterminación subjetiva, personal e inequívoca, ante los médicos y ante cualquier persona.

Comentó que la temática de la transgeneridad es muy controversial en occidente más que en países orientales, debido a la gran carga de los dogmas religiosos occidentales.

La película es un film del documentalista mexicano Oscar Serrano Zermeño, licenciado en Cinematografía por la CUEC-UNAM, teniendo en su haber importantes documentales sobre México; ahora con la producción de Ana Cristina Barbachano Herrero, con la firma de Producciones Tuney, Goliat Films SA de CV, dirige este documental que ha sido presentado con gran aceptación destacando en festivales internacionales.

Sinopsis: En la ciudad de Mérida, durante la década de los 70, Raúl García Santinelli nació con cuerpo de mujer. Un viaje, una historia, un debate entre la iglesia y la medicina, entre la mente y el cuerpo. *Ser y no ser* invita a reflexionar sobre los estándares sociales, el amor entre los humanos, la tolerancia, el respeto y la valentía.

Propuesta de Ley de Identidad y Reasignación de Género del Estado de Yucatán. En el contexto transfóbico de Yucatán, en 2011 la actriz y activista transexual yucateca Alejandra Calderón, presentó como iniciativa ciudadana una Propuesta de Ley de Identidad y Reasignación de Género de Yucatán. Esta propuesta tiene como referencia la Ley en la materia aprobada en el Distrito Federal, donde de acuerdo con esta Ley aprobada en 2008, se abrió incluso un área en el Hospital "Condesa" de la Capital de la República, para la atención especializada de la transgeneridad.

En 2013, Ale Calderón fue invitada a la Celebración por el Día contra la Homofobia y la Transfobia, organizada por la fracción legislativa del PRD del Congreso local, en su carácter de impulsora de esta Ley de Reasignación Sexogenérica en Yucatán.

La reconocida activista consideró que en el Día Internacional contra la Discriminación y la Homofobia, no hay nada que celebrar en el estado, porque la Constitución de Yucatán no tiene registrado este día. Es bien sabido que son pocos los estados de México que constitucional y oficialmente pueden festejarlo.

Dijo que "Yucatán como Estado discrimina a la comunidad LGBT, desde el Congreso y principalmente desde su Poder Ejecutivo, la razón ya la conocemos todos. Basta poner un simple ejemplo: La iniciativa que busca el matrimonio para todos y todas, misma que ni siquiera ha sido discutida en comisiones.

Pero lo que me parece mucho más grave y personalmente mucho más importante, es la discriminación institucionalizada hacía nuestra comunidad transgénero-transexual (los hombres y mujeres olvidados de los olvidados), aquellas personas que son discriminadas hasta por muchos de los integrantes de la comunidad lésbico gay.

Las que son indocumentadas e indocumentados en su propio país. Qué triste ¿no? Mujeres y hombres que por el hecho de vivir su vida en el género opuesto al de su nacimiento han sido vejados, violentados en sus derechos humanos, relegados, perseguidos y orillados por la sociedad y el gobierno a una vida falta de los más básicos derechos fundamentales, como seguridad social, oportunidades de trabajo y una vida digna en todos los sentidos.

Cabe recordar que hasta el día de hoy sólo el Distrito Federal respeta los derechos de estas personas. Sólo ahí, mujeres y hombres trans viven con nombre, género y apellido legal acorde a su realidad sexo-genérica, mientras que en Yucatán el tema ni siquiera forma parte de la agenda política de ninguna fracción parlamentaria. Un tema que ha sido ignorado consistentemente.

A pesar de eso debo reconocer el esfuerzo del PRD por impulsar con su minoritaria fracción parlamentaria, iniciativas en pro de la comunidad de la diversidad sexual, pero también debo decir que falta mucho por hacer, la comunidad LGBT y en especial la comunidad trans necesita un cambio urgente y una política incluyente para todos.

Y cuando digo todos, quiero hacer hincapié en que no se puede seguir dejando de lado los derechos y necesidades de la comunidad trans.

En lo personal apoyo y simpatizo con la lucha por obtener y legalizar el matrimonio universal en Yucatán, pero también creo que se está dejando a un lado la problemática trangénero-transexual que ya he mencionado.

Necesitamos una Comisión Estatal de Diversidad Sexual del PRD y a los mismos legisladores de este partido y de todos los partidos, activos, receptivos y conscientes de esta problemática. Los derechos no se mendigan. La comunidad trans necesita de su apoyo constitucional y socialmente hablando.

Las mujeres y hombres trans también tienen el derecho a igualdad de oportunidades laborales, de formación académica, libre tránsito y de salud. Y todo esto viene a partir de la necesidad de una identidad. Algo tan simple y tan sencillo de obtener para cualquier persona que ni siquiera nos damos cuenta de lo importante que es para estas personas y que el resto de la población da por sentado.

Pero para lograr un cambio se necesita voluntad política, sensibilidad por parte de los que hacen las leyes y que están en la posición de proteger nuestros derechos, porque también somos mexicanos y mexicanas.

No pedimos nada extraordinario, sólo pedimos se nos permita el acceso a los derechos que por naturaleza traemos desde el momento de nacer como seres humanos en un País Libre y Democrático como México.

Y es tan simple y tan sencillo como estructurar, proponer, presentar y legislar una propuesta de Ley de Reasignación Sexogenérica en las actas de nacimiento de las personas transgéneras y transexuales que viven en Yucatán.

Con esto y en conjunto con la discusión y aprobación de la propuesta de Ley del Matrimonio Universal en un futuro sí tendremos razones para festejar cada 17 de Mayo en nuestro querido estado" (Ale Calderón. Discurso Pronunciado en la Celebración por el Día contra la Homofobia y la Transfobia 2013, en página de Facebook "Apoyamos una Ley de Reasignación Sexogenérica en Yucatán").

Ale Calderón dio a conocer durante inauguración la XI Semana de la Diversidad Sexual Mérida 2013, que en la Suprema Corte de Justicia de la Nación se intentó votar en este mismo año de 2013 la Ley de Identidad y Reasignación de Género del Distrito Federal para hacerla válida e implantarla en todo el resto del país, pero esta propuesta no pasó, y por lo tanto se postergó para una nueva revisión.

Murió "La Power". Una de las más recientes muertes, en la que influyó la aplicación de inyecciones de aceite de cocina, fue la registrada en el Hospital O'Horan en octubre de 2014, cuando ingresaron en estado de coma, al artista transexual José Roberto Brito Padilla, mejor conocido como "La Power", quien falleció, según se informó, de muerte cerebral y pulmonía.

Familiares cercanos al fallecido, revelaron que desde hacía tiempo notaron un comportamiento extraño en "La Power", ya que de una conversación pasaba a otra y mencionaba situaciones incomprensibles, además de que por momentos quedaba como ausente.

Muchas personas le aconsejaron no seguirse inyectando el aceite de cocina en las nalgas y caderas, pero no dejaba su tratamiento hormonal automedicado y las inyecciones de aceite, sobre todo antes de viajar a Ticul y Oxkutzcab, donde se presentaba en bares, imitando a artistas como Laura León y Mónica Naranjo, con mucho éxito.

En el bar La Prosperidad de la localidad de Ticul, donde "La Power" actuó en muchas ocasiones, se rindió un minuto de silencio en señal de luto y respeto, dijo Délmar Mendoza García, propietario del negocio (Sergio Iván Chi, *Diario de Yucatán*, 7 de octubre de 2014).

Cambiarían la Clasificación Internacional de Enfermedades de la Organización Mexicana de la Salud. Especialistas en sexualidad de varios países, entre ellos México, impulsan una modificación esencial al capítulo de Trastornos Sexuales de la Clasificación Internacional de Enfermedades y Problemas Relacionados con la Salud (CIE 11), el catálogo de patologías de la Organización Mundial de la Salud.

En México se ha conformado un comité para renovar ese aspecto del documento, el cual guía los criterios médicos de los 192 países miembros. La propuesta plantea cambios en cuatro secciones: disfunciones sexuales no orgánicas, trastorno de la identidad de género, trastornos de la preferencia sexual (parafilias) y trastornos psicológicos y del comportamiento del desarrollo y orientación sexuales.

El apartado acerca de la transexualidad, actualmente llamado "Trastorno de la identidad de género", cambiaría de nombre. En inglés se llamaría *Gender incongruence*, pero no puede traducirse literalmente al español, pues "incongruencia" tiene una connotación negativa en nuestro idioma. Así, se busca que se llame Discordancia de género y que se saque del capítulo de Trastornos mentales para incorporarse en un nuevo apartado, el de Disfunciones sexuales.

En esencia, se plantea que la transexualidad deje de verse como una patología, pero se considera pertinente conservarla en el CIE para visibilizar a esta población, dimensionar su vulnerabilidad y facilitar el acceso al tratamiento y a los servicios de salud.

En la versión vigente del CIE, el trastorno se define como un deseo de vivir como el "sexo opuesto", reduciendo las posibilidades de identidad de género a una dicotomía (hombre o mujer). La nueva definición, que eliminaría el concepto de "trastorno", se refiere a "la discordancia marcada y persistente entre la experiencia de género del individuo y el sexo asignado".

A diferencia del Manual Diagnóstico y Estadístico de Trastornos Mentales (DSM-5, por sus siglas en inglés), que es publicado por la Asociación Americana de Psiquiatría y que refleja, principalmente, el punto de vista de científicos estadounidenses, el CIE es el listado internacional al que más se apega el personal médico alrededor del mundo (Rocío Sánchez. "Buscan modificar la Clasificación Internacional de Enfermedades de la Organización Mexicana de la Salud" en: *Letra S*, 2 de noviembre de 2013).

Veterinario realiza operación de cambio de sexo a joven progreseño. Luego de anunciarlo en Facebook, un joven progreseño se sometió a una cirugía para cambiar de sexo, pero las consecuencias de la operación hicieron necesario internarlo en el hospital O'Horán, debido a una fuerte infección que ponía en riesgo su vida.

En su cuenta de Facebook, el joven progreseño manifestó una y otra vez sus deseos de convertirse en mujer. Incluso, en su perfil anticipó de sus intenciones varias veces a sus poco más de 500 amigos y seguidores.

Fuentes de la Fiscalía Estatal detallan el caso como algo inédito en Yucatán, debido a que J.A.H.R. acudió con el veterinario para que le extirparan las gónadas.

De esta forma, según se explica, fue sometido a una rudimentaria operación, pero las cosas se complicaron y el paciente comenzó a presentar problemas de salud. El joven progreseño acudió al Centro de Salud a consultar y de ahí le ordenaron su inmediato traslado a la ciudad de Mérida, siendo internado en el hospital O'Horán ("Veterinario realiza operación de cambio de sexo a joven progreseño", en: *Yucatán Hoy*, miércoles 25 de septiembre de 2013).

Activismo en México por la despatologización trans.
La representante de la Asociación Civil Trans "ProDiana" del Distrito Federal, Diana Sánchez Barrios, dio a conocer a través de su página de Facebook, en septiembre de 2013, lo siguiente:

"Desde hace 5 años activistas trans de más 61 ciudades de África, Asia, Europa, Latinoamérica y Norteamérica, salimos a las calles para demandar que la OMS (Organización Mundial de la Salud), deje de considerar la transexualidad una enfermedad mental en los Manuales Internacionales de Diagnósticos.

Dichas manifestaciones y movilizaciones han propiciado un apoyo de instituciones políticas internacionales, de gobiernos y de sociedades científicas, entre las que destacamos: Informe Temático "Derechos Humanos e Identidad de Género" del Comisario de Derechos Humanos del Consejo de Europa, Thomas Hammarberg, la Recomendación CM/Rec (2010) 5 del Comité de Ministros del Consejo de Europa, la Resolución 1728 (2010) de la Asamblea Parlamentaria del Consejo de Europa y las Declaraciones de Derechos Humanos de Thomas Hammarberg "Leyes claras necesarias para proteger a las personas trans de la discriminación y el odio", publicado el 26 de julio de 2011, así como declaraciones de diferentes gobiernos, entre ellos el Gobierno Español, los Ministerios de Exteriores y de Sanidad de Francia y la Junta Nacional de Salud y Bienestar de Suecia.

El Congreso Nacional de Psiquiatría celebrado en Oviedo en noviembre de 2011, contó con la presencia de un enviado de la OMS, Greffrey Reed, quien declaró los planes de excluir a las personas transexuales de la lista de enfermos mentales en la próxima revisión de la clasificación internacional de enfermedades (CIE-11), prevista para 2014; y en julio de 2012, la APA (Asociación de Psiquiatría Americana) ha dado a conocer que la transexualidad dejará de ser considerada una enfermedad mental en EE.UU.

Observamos una falta de traducción de las declaraciones de interés en cambios reales en la situación sanitaria y jurídica de las personas transexuales en diferentes partes del mundo que sigue caracterizada por una continuada lógica de patologización, entre ella España y las UTIGs. Con nuestra salud no se juega; con la de nuestros hijos e hijas tampoco" (Diana Sánchez Barrios. Página de Facebook, "Jornada Internacional por la Despatologizacion Trans", subido el 18 de septiembre de 2013 y consultada el 20 de octubre de 2013).

Tipificar los Crímenes de Odio por Homofobia

En Yucatán, las Asociaciones civiles que trabajan a favor de las diversidades de género, así como académicos, a raíz del elevado índice de asesinatos de personas homosexuales en la localidad, han señalado la necesidad de que la legislación del Estado tipifique el delito de Crimen de Odio por Homofobia.

Entre las Asociaciones que actualmente promueven la incorporación de esta figura judicial, están el Equipo de Derechos Humanos Indignación AC, y Oasis de San Juan de Dios AC, cuyos representantes señalaron en 2012 que Yucatán ocupa el cuarto lugar nacional en crímenes de odio por homofobia. Dijeron que los crímenes por homofobia suelen ser silenciados o minimizados al calificárseles de "crímenes pasionales" o "pleitos entre homosexuales". La falta de una legislación adecuada, que tipifique los crímenes de odio, es un elemento que perpetúa los abusos en contra de las personas de la diversidad sexual. El reporte prejuicioso que los medios de comunicación hacen de este tipo de delitos, contribuye también a mantener y propagar las ideas discriminatorias que subyacen a los ataques.

Mencionan que la Comisión Nacional de los Derechos Humanos, en su Informe Especial sobre Violaciones a los Derechos Humanos y Delitos Cometidos por Homofobia 2011, señala que "los delitos y violaciones a los derechos humanos por orientación sexual, identidad o expresión de género no son hechos aislados, obedecen a patrones de conducta de algunos miembros de la sociedad y al proceder recurrente de ciertos servidores públicos, tales como prejuicios, aversiones y rechazos, lo que refleja la existencia de un problema estructural serio de intolerancia, y que requiere de su reconocimiento expreso y de una atención especial por parte de las autoridades encargadas de promover la educación, la cultura, el respeto a la legalidad y la no discriminación en el país …"

Subrayan que en relación con lo anterior, es urgente que la Fiscalía Especial consigne los expedientes derivados de las agresiones por motivos de homofobia ya que existe la posibilidad de que los delincuentes pueda salir en libertad, con el consecuente riesgo que para la víctima conlleva esta situación.

Indignación A.C. y Oasis de San Juan de Dios A.C. exigieron a la Legislatura local tipifique adecuadamente los crímenes de odio por homofobia y establezca criterios claros para prevenir, erradicar y sancionar cualquier tipo de discriminación por preferencia u orientación sexual o genérica, como elementos mínimos para erradicar estos delitos que han adquirido carta de naturalización en el estado ("Homofobia y crímenes de odio en Yucatán", en: *Vanguardia. Periódico Electrónico*, Coahuila, 3 de abril de 2012).

Fiscalía de Yucatán homofóbica. En un comunicado que emitieron en febrero de 2013, Grupo Indignación A.C. y Oasis de San Juan de Dios A.C, luego de que la Fiscalía General de Yucatán dio a conocer la detención del homicida del pintor Samuel Woodruff, denunciaron que desde el asesinato del artista en noviembre de 2012, la institución violó los derechos humanos del occiso al hacer pública la orientación homosexual y su seropositividad.

Las Agrupaciones civiles acusaron a la Fiscalía General de Yucatán (FGY) de incurrir en prácticas homofóbicas y discriminatorias con las que viola los derechos humanos, "obstaculiza las investigaciones, la correcta tipificación de los delitos, agravia a la víctima y, lejos de erradicar, puede alentar crímenes de odio".

El estadounidense Samuel Woodruff, de 63 años, radicaba desde hacía una década en Mérida, donde el pasado 12 de noviembre fue ultimado de cinco puñaladas en su domicilio ubicado en la colonia Itzimná, por un sexoservidor que fue presentado por la FGY como Raymundo Xool Villamil, de 18 años.

Las agrupaciones insistieron en que notas periodísticas "evidencian un lenguaje homófobo y discriminatorio por parte de la Fiscalía al momento de referirse a las líneas de investigación y posibles motivos del asesinato de Woodruff, las cuales han sido reiteradas, al presentar ante los medios de comunicación al presunto responsable, práctica que ha sido cuestionada por organismos de derechos humanos".

Finalmente pidieron a los medios de comunicación, que asuman su responsabilidad, pues "el tratamiento que den a la información puede contribuir a combatir estereotipos y erradicar la discriminación o bien puede reforzar la homofobia" (Rosa Santana. "Acusan a la Fiscalía de Yucatán de homofobia y discriminación". *Proceso*, Página Electrónica, 8 de febrero de 2013).

Crímenes de odio por homofobia: un concepto en construcción. Este concepto jurídico se empezó a utilizar en América Latina en la década de los noventa. Hasta ahora, ha sido más una herramienta política que jurídica. Para comprender mejor el término y facilitar su utilización, los autores emprendieron este análisis de sus significados e implicaciones.

Carlos Monsiváis señala que fue la prensa la que, de alguna manera, "inventó" la homosexualidad en el país. El escándalo de los 41 fue, ante todo, una construcción de la prensa de la época que le dio amplios espacios, siguió sus pormenores y lo comentó profusamente. La invención de la que habla Monsiváis no es la de una conducta, por supuesto, ni la de un deseo, es la de un tema de opinión pública, que se intensificará durante el siglo XX.

La relación entre homosexualidad, violencia y aparatos policiales es una constante en más de cien años de historia impresa. Es, ante todo, una construcción ideológica que posiciona a la homosexualidad en los límites de un orden social, ya sea mediante la muerte violenta, el delito o la nota chusca y ridiculizante.

Así, la muerte de individuos homosexuales ha sido, fundamentalmente, motivo de escarnio. Un escarnio que se refracta en dos direcciones: por un lado, hacia las víctimas, culpables de sus propias muertes; pero también hacia las comunidades y colectivos de homosexuales, de lesbianas o de personas trans, dado que anuncia lo que les podría suceder. En el caso de las víctimas, su desviación se consuma en su asesinato; en el de las comunidades, potencialmente, podría ocurrirles lo mismo (a sus integrantes).

Los asesinatos de hombres gays en los periódicos. Algunos periódicos en México se dedican a las noticias sobre asesinatos de homosexuales, lesbianas o personas trans, y se dirigen a un público popular, escrito en un lenguaje sencillo y con fotos muy elocuentes, es la fuente principal de información sobre el tema aludido.

La retórica que han utilizado muestra tres características fundamentales. En primer lugar, describe de manera casi objetiva el tipo de crimen que se cometió. Luego, reproduce las versiones policiales preliminares. En tercer lugar, relaciona sistemáticamente el asesinato de un homosexual o una persona trans con su identidad sexual.

Esa relación se establece mediante tres grandes justificaciones o explicaciones del crimen, que habitualmente se atribuyen a fuentes policiales o judiciales. La primera, y quizás la más relevante, es el carácter supuestamente pasional del crimen. Nunca se justifica esta explicación y más bien se deduce que si la víctima era homosexual, su muerte se debería a razones pasionales.

La segunda, es la rareza de las costumbres de la víctima. Aun cuando no se menciona la pasión como razón de un asesinato, las "costumbres raras" lo explicarían. Por último, pero en menor medida, los crímenes se explican por una ofensa a la masculinidad del agresor perpetrada por la víctima homosexual o trans, mediante coqueteos, insinuaciones o tocamientos. La conducta y las intenciones del homosexual explicarían la reacción de los asesinos y justificarían su respuesta (mortífera).

Si bien difieren, las tres explicaciones periodísticas coinciden en un punto: el asesinato siempre se explica por la víctima y no por el victimario (Alejandro Brito y Rodrigo Parrino, publicado en el número 202 del Suplemento *Letra S* del periódico *La Jornada*, jueves 2 de mayo de 2013).

La homofobia interiorizada. La homofobia abarca conceptos que revelan la amplitud del problema, como el término "homofobia interiorizada", que se refiere al rechazo del individuo hacia su propia homosexualidad, así como al rechazo hacia las personas con actitudes que expresan una visible homosexualidad.

Acerca de la homofobia interiorizada, Alfredo Candiani, presidente de la Asociación DCyDS de Mérida, incluye una colaboración titulada: "¡No a la homofobia! Y tú qué haces", en la revista *Mid Open*, en ocasión de las actividades que esa Asociación llevó a cabo del 13 al 17 de mayo de 2013 en Mérida, y que incluyo a continuación:

"En nuestra ciudad, diversas asociaciones civiles, organizaciones y activistas, trabajan día con día en busca del respeto y el trato igualitario en materia de derechos que se ven mermados precisamente por actos homofóbicos de autoridades y ciudadanos. Sin embargo, creo que a la par de buscar el respeto y el trato igualitario entre homosexuales y heterosexuales debemos buscar el respeto entre los mismos integrantes del colectivo LGBTTTI (Lésbico, Gay, Bisexual, Travesti, Transgénero e Intersexual).

No es algo desconocido: La homofobia también existe entre gays y la encontramos frecuentemente expresada de distintas maneras, mediante el rechazo a aquellos homosexuales que tienen comportamiento un tanto distante de lo discreto, a los que son más visibles, a los hombres afeminados, mujeres viriles, obvios, travestis, transgéneros y transexuales, que con frecuencia son objeto de burla, insultos y apodos de alguna manera despectivos.

He escuchado muchas veces: "Yo no participo en la marcha porque se da una imagen pésima de los homosexuales, por eso la gente cree que todos usamos plumas y lentejuelas". Esto es absurdo sería similar a pensar que todos los herosexuales son los que vemos cada año en el Carnaval. Aquí lo que sucede es que los que usan con frecuencia plumas y lentejuelas parecen tener más valor a ser visible y estar más comprometidos a recuperar el lugar que les corresponde en la sociedad. De ahí la importancia de participar y no hablo de participar sólo en la marcha, sino en todas las actividades del colectivo LGBTTTI como foros y conferencias. Hablo de sumarnos todos, profesionistas, empleados, estudiantes, artistas, etc., para dejar muy en claro que hay diversidad en la misma diversidad todos tenemos derecho a ser diferentes y a que se respete nuestra diferencia.

Si nosotros mismos no somos capaces de unirnos en una misma causa qué podemos espera de los demás" (Alfredo Candiani, "La homofobia interiorizada" en: *Mid Open*, Edición 13, Mérida, mayo de 2013).

Homofobia, nueva amenaza para la seguridad en el país. Los días 11 y 12 de septiembre de 2012 se realizaron en Mérida y Valladolid, "Las Jornadas de Capacitación en VIH y Derechos Humanos" dirigido a las Asociaciones civiles y a la comunidad en general, con el objetivo de disminuir el estigma y la discriminación hacia las personas aquejadas por esa enfermedad. En ese foro el Director del Programa de VIH/SIDA y Derechos Humanos de la Comisión Nacional de los Derechos Humanos (CNDH), Ricardo Hernández Forcada, dijo que "el problema de la discriminación por homofobia está provocando un nuevo escenario de inseguridad en México, que es alimentado por la falta de una cultura de respeto a los Derechos Humanos".

Hernández Forcada dio a conocer que de acuerdo con la investigación realizada por la CNDH del 1 de enero de 1998 al 31 de diciembre de 2008, se documentaron 696 casos de agravios por homofobia como son: discriminación por orientación sexual y/o identidad o expresión de género, ejercicio indebido de la función pública, detención arbitraria, maltrato, incitación a la violencia, injerencia arbitraria y ataques en la vida privada, negligencia e injerencia arbitraria en el derecho al trabajo, negación del servicio mercantil, robo, difamación, falsedad entre autoridades, entre otros.

Hernández Forcada señaló que en México hay discriminación por homofobia y debe de atenderse adecuadamente para evitar poner en riesgo el sistema de libertades, la integridad y la protección de los Derechos Humanos de las personas, a causa de su orientación sexual.

Desde luego el problema es difícil, pero parte de la solución, además de los esfuerzos de las instituciones encargadas de combatir estos inconvenientes, está en la participación decidida de nuestra sociedad, para brindar apoyo a este sector, amén de que los agraviados deben de fomentar y observar la cultura de la denuncia, lo que en buena medida ayudará a terminar con este problema de homofobia.

Además, todos y todas los y las integrantes de nuestra sociedad debemos de ser empáticos con quienes sufran de alguna vejación o menoscabo de sus prerrogativas como seres humanos, la solidaridad, el apoyo y por sobre todo la comprensión a quien sufra algún tipo de agresión nos ayudará a ser mejores personas y a aliviar en mucho el dolor de las y los agraviados ("Homofobia, nueva amenaza para la seguridad en el país", en: *Milenio Novedades*, sábado, 15 de septiembre, 2012).

Líbano, primer país árabe que acepta la homosexualidad. Líbano se convirtió en el primer país árabe en aceptar que la homosexualidad no es una enfermedad, lo que se dio a conocer a través de la prensa internacional, en julio de 2013. "En sí misma, la homosexualidad no causa ningún efecto en el juicio, estabilidad, confianza o habilidades sociales y profesionales del individuo", declaró la Sociedad Psiquiátrica Libanesa (SPL).

La SPL declaró que la homosexualidad no es un trastorno mental y por lo tanto no necesita ser tratado como tal. Los psiquiatras hicieron estas afirmaciones en apoyo a la Comunidad LGBT (Lésbico, Gay, Bisexual y Trans) que a diario sufre la persecución y el maltrato por parte de las autoridades de Líbano.

Para la Sociedad Psiquiátrica, es erróneo pensar que la homosexualidad es resultado de "alteraciones en la dinámica familiar o de un desequilibrio en el desarrollo psicológico". Además la SPL advirtió que el controvertido método "Ex-Gay", que intenta "convertir" a los gays en heterosexuales, no tiene fundamento científico y ha solicitado a los profesionales de la salud que se apoyen sólo en bases científicas al atender a este grupo social.

El apoyo de la SPL surgió a raíz de la ola de ataques de que es víctima la Comunidad LGBT, como el caso expuesto por la organización Humans Rights Watch, que protestó ante las infames técnicas con las que la Policía de Líbano "comprueba" que algún sospechoso sea gay: metiendo una sonda a través de su cavidad anal para revisar si han tenido relaciones homosexuales.

Aunque la Organización Mundial de la Salud y muchos países occidentales han dejado de considerar a la homosexualidad una enfermedad desde hace tres décadas, el Líbano es el primer país árabe en hacerlo ("Líbano acepta que la homosexualidad no es una enfermedad". Página Electrónica SDP Noticias.com, viernes 12 de julio de 2013).

Rusia, Moldavia, Gambia y Simbawe, qué miedo. En julio de 2013, el mundo se conmocionó por las declaraciones en contra de los homosexuales, de cuatro presidentes de países donde está prohibida y criminalizada la homosexualidad, en pleno Siglo XXI, que recuerdan las prohibiciones más temidas del obscurantismo medieval. En la prensa internacional y en las redes sociales, se daba a conocer que los presidentes de Rusia, Vladimir Putin; de Moldavia, Vladimir Voronin; de Simbawe, Robert Mugabe; y el de Gambia Yahya Jammeh, no apoyaban concesiones a los homosexuales.

En las redes sociales se proponía que los países de Rusia, Moldavia, Gambia y Simbawe, necesitan un boicot económico y una denuncia a nivel internacional. El Presidente de Gambia, Yahya Jammeh, declaró que "los homosexuales no son bienvenidos a su país y si los atrapa se arrepentirán de haber nacido".

El presidente de Rusia, Vladimir Putin, dijo que prohibió la propaganda homosexual para proteger a los jóvenes y prohibió la adopción de niños a homosexuales extranjeros. El presidente de Simbawe, Robert Mugabe amenazó con decapitar a los homosexuales que sean descubiertos en actos contra natura.

Homofobia, presente en todo el mundo. En mayo de 2013, en el marco de la conmemoración del Día Internacional contra la Homofobia, la Alta Comisionada de la ONU para Derechos Humanos (ACNUDH), Navi Pillay, dijo que la discriminación contra el colectivo LGBTI existe prácticamente en todo el mundo.

Navi Pillay pronunció un discurso en La Haya en el que abordó la problemática y enfatizó que a pesar de los avances registrados en los últimos 20 años en favor de los derechos de las personas LGBT, aún queda mucho por hacer.

En su discurso Pillay puso de relieve los desafíos en la lucha contra la violencia y la discriminación de lesbianas, gays, personas bisexuales, transgénero e intersexuales (LGBTI). Subrayó que aún queda mucho por hacer para lograr un mundo donde todos sean libres, iguales y respetados.

Suman 76 los estados que todavía criminalizan a las personas LGBTI. Irán, Arabia Saudita, Yemen, Mauritania, Sudán y algunas zonas de Nigeria y Somalia, penalizan la homosexualidad con la pena de muerte, según datos de la organización no gubernamental ILGA ("Homofobia presente en todo el mundo", en: *Milenio Novedades*, viernes 17 de mayo de 2013).

Reglamentos para la No Discriminación

Inconformidad por ausencia de reglamentos de la Ley contra la Discriminación. Asociaciones civiles han manifestado inconformidades en relación a la Ley contra la Discriminación de Yucatán, aprobada en 2010, considerando que no garantiza recursos efectivos para su aplicación.

Si bien Yucatán cuenta con su Ley contra la Discriminación, hasta 2014, no se había instalado el Consejo Estatal contra la Discriminación, que tendría a su cargo la elaboración del Reglamento de esa Ley, así como conocer y evaluar las políticas públicas para la no discriminación.

En 2010, la Red de Personas Afectadas por el VIH (Repavih) y el Grupo Indignación, a través de sus representantes

José Arroyo Maldonado, Cristina Muñoz Menéndez y José Euán Romero, pidieron a los legisladores que convoquen a una consulta pública para que la sociedad opine y sea escuchada, antes de aprobar esta Ley.

Señalaron que entre los riesgos y peligros está que el proyecto no tipificaba la discriminación como delito, no señala las conductas que se perseguirán de oficio, además de que evita hacer referencia a tratados internacionales fundamentales.

Pidieron que la Ley prohíba la manera explícita la solicitud de pruebas clínicas (gravidez, VIH, hipertensión, diabetes) como requisito para obtener empleo, al considerar que la salud se ha convertido en impedimento para acceder al trabajo en igualdad de oportunidades.

Por otra parte, observaron, es necesario que el Artículo 7 relacionado con la diversidad sexual señale que las medidas positivas y compensatorias estén dirigidas a poblaciones específicas: personas lesbianas, homosexuales, bisexuales, travestis, transgénero, transexuales e intersexuales.

El proyecto no estipulaba la protección que estos grupos deben gozar contra los abusos de las fuerzas del orden público: razzias, acosos, extorsiones, abuso sexual, golpes, humillaciones, dijeron.

Estimaron el riesgo de que la Ley cree un organismo estatal contra la discriminación y que se convierta en botín político incorporando a personal que no tiene trayectoria en la lucha contra la discriminación, ya que en ningún capítulo se indicaba el método para elegir a sus representantes ni el perfil de quienes laborarían en él (Rafael Mis Cobá. "Objetan predictamen de Ley sobre Discriminación", en *Por Esto!*, viernes 29 de enero de 2010).

Exhorto a Yucatán en 2013 a expedir reglamentos para la no discriminación. El presidente del Consejo Nacional para Prevenir la Discriminación (Conapred), Ricardo Bucio Mújica, lamentó que en varios estados la ley en la materia no da a ninguna instancia atribuciones para crear políticas contra la discriminación. Se ha aprobado la Ley para Prevenir y Eliminar la Discriminación, sin embargo no penaliza acciones discriminatorias. Aquí, la ley le atribuye a la Comisión Estatal de Derechos Humanos recibir quejas pero no da a ninguna instancia la atribución de crear políticas contra la discriminación, ahí hay una diferencia con el ordenamiento federal.

Por lo tanto, Bucio Mújica recomendó a la Legislatura modificar la ley para que tenga responsables concretos de crear las políticas y no sólo recibir quejas. En abril de 2013, la Cámara de Diputados solicitó a los Congresos armonizar su ley contra la discriminación con la legislación federal y los instrumentos internacionales en la materia. Dieciséis entidades federativas no cuentan con una cláusula constitucional antidiscriminatoria; 13 aún no incorporan a su legislación estatal una Ley para Prevenir y Erradicar la Discriminación, y 18 no tipificaron el delito de no discriminación. El dictamen aprobado en votación económica pide a las legislaturas locales de Baja California, Chihuahua, Guanajuato, Guerrero, Hidalgo, Jalisco, Michoacán, Morelos, Nayarit, Nuevo León, Puebla, San Luis Potosí, Sinaloa, Sonora, Tabasco, Tamaulipas, Yucatán y Zacatecas expedir leyes que reglamenten el derecho a la no discriminación.

A decir del funcionario federal la entidad tiene un reto importante pues cuenta con grupos de población que sufren discriminación: indígenas monolingües, migrantes, pobreza y mujeres. También están las personas con discapacidad, y la población de la diversidad sexual (*Letra S*, 9 de agosto de 2013).

Capítulo 6. Consejo municipal contra la discriminación de la diversidad sexual

Integración del primer Consejo contra la Discriminación de la Diversidad Sexual. El 15 de junio de 2011, el Ayuntamiento de Mérida, encabezado por la alcaldesa Angélica Araujo Lara, instaló el Consejo Municipal contra la Discriminación de la Diversidad Sexual. La presidenta municipal y presidenta del Consejo, manifestó que el objetivo de su administración es promover una sociedad más justa y equitativa mediante acciones que favorezcan el respeto a los derechos humanos en todos los ámbitos.

Ante representantes de la comunidad lésbico, gay bisexual, travesti, transexual, transgénero e intersexual (LGBTTTI), la alcaldesa sostuvo que ha quedado demostrado que la riqueza de una sociedad se sustenta en la tolerancia y en el respeto a la diversidad.

Anunció una campaña de difusión orientada a la prevención de la discriminación, así como la elaboración de un reglamento municipal sobre el tema para someterlo a consideración del cabildo. Reiteró que el Consejo busca mantener un diálogo que permita promover un cambio cultural a partir de las acciones que la autoridad en términos de igualdad y con una política incluyente, que permita el ejercicio de la equidad.

Resaltó que este Consejo es único en su tipo en el país, y manifestó que entre sus acciones estará promover programas de atención médica y psicológica especializada a las familias y sociedad para superar la homofobia. Se conformarán comisiones para atender y solucionar los problemas de salud de la población en forma integral; promover la realización de foros, talleres y seminarios, así como planear, diseñar y organizar programas en materia de no discriminación y tolerancia.

Integraron la Comisión de Educación y Cultura del Consejo: Regidores Claudia Elena Medina Caballero, Lizette Mimenza Herrera y Ricardo Béjar Herrera; la Comisión para la Atención a Grupos Vulnerables: Kirbey Herrera Chap, Álvaro Omar Lara Pacheco, Kathya Elizabeth Puerto Manzanilla, así como Hissarlik González Cetz, secretaria técnica del Copladem.

En el Consejo Municipal también participan los directores de la Comuna: de la Policía Municipal, Federico Cuesy Adrián; de Desarrollo Económico, Omar Pacho y Sánchez; el Oficial Mayor, Gaspar Quintal Parra, y Comunicación Social y Relaciones Públicas Julián Colonia Várguez (Rafael Mis Cobá. "Comuna abanderará el respeto a la diversidad: Angélica", en *Por Esto!*, jueves 16 de junio de 2011).

Reacciones por la instalación del Consejo Municipal contra la Discriminación Sexual en 2011. La Unidad de Atención Psicológica, Sexológica y Educativa para el Crecimiento Personal (UNASSE), representada por su fundadora Dra. Sandra Peniche Quintal, dio a conocer a través de la prensa su punto de vista acerca de la instalación del Consejo Municipal contra la Discriminación de la Diversidad Sexual, del que opinó que se debió de crear un Consejo contra la discriminación de todo tipo y no sólo contra la discriminación de las orientaciones sexuales, además de que el Consejo no incluyó a las asociaciones que cuentan con muchos años de trabajo de lucha por el respeto a la diversidad.

La Dra. Sandra Peniche Quintal señaló que el Consejo instalado en junio de 2011, tiene una perspectiva limitada, además de que posee un carácter meramente consultivo y no tiene la suficiente representatividad.

Señaló que podría legitimarse si en verdad impulsara cambios significativos en varios órdenes, por ejemplo: recomendó que proponga la derogación del Decreto 209, que niega la posibilidad a las personas del mismo sexo de unirse legalmente, también podría promover el Pacto Civil de Solidaridad.

Manifestó que el Consejo tendrá forzosamente llevar a cabo consultas públicas ciudadanas abiertas, utilizando para ello los mecanismos previstos en la ley, además de llevar a cabo una campaña masiva en la que se señale que en el municipio de Mérida hemos decidido que todas las personas son respetables.

Podrían crear muchos consejos y serán bienvenidos, pero espero que no sean efímeros y que no sean simplemente una ocurrencia porque estamos en un proceso de elecciones y tienen un claro corte político-electorero y mediático, señaló.

Insistió en que en que es necesario instalar un consejo amplio contra toda discriminación. El trabajo que se tiene que hacer desde el Ayuntamiento es generar condiciones, programas, políticas públicas y presupuesto para que haya forma de aprender a convivir de una manera diferente en la que no tenga cabida la discriminación. Se necesita un desarrollo humano y hasta la fecha no ha habido ningún gobierno que lo lleve a cabo, señaló (David Rico, "Contra todo tipo de Discriminación", en *Por Esto!*, viernes 17 de junio de 2011).

El Consejo Municipal contra la Discriminación de la Diversidad Sexual, llevó a cabo en 2011 una campaña a través de los medios de comunicación y carteles en diferentes puntos de la ciudad, titulada "Yo no discrimino ¿y tú?". También durante la administración interina en el Ayuntamiento a cargo del Lic. Omar Lara Pacheco, debido a la licencia que solicitó Angélica Araujo Lara, para contender como candidata a Senadora en las elecciones de 2012, el secretario técnico del Consejo, Lic. Rubén Valdés Ceh, organizó eventos de difusión de la diversidad de género dirigidos al personal del Ayuntamiento, entre los que estuvieron la proyección del documental, del que soy autor, *50 Años de los Espectáculos Travestis en Yucatán* en el Olimpo en mayo de 2012, en el marco del Día Mundial contra la Homofobia.

Integración del Consejo Municipal contra la Discriminación Ayuntamiento 2013-2015. Durante la administración de Renán Barrera Concha, en la primera reunión previa a la instalación del Consejo Municipal contra la Discriminación Sexual 2013-2015, después de su aprobación por el Cabildo el martes 30 de julio de 2013, los integrantes hicieron notar sus amplias expectativas acerca de los alcances de este Consejo, muchas de la cuales rebasan el campo de acción del Acuerdo, debido a que algunas propuestas tocan aspectos en la Educación, Salud, Empleo, Derechos Humanos, que involucran responsabilidad de los Gobiernos Estatal y Federal, y tienen la limitante del marco jurídico como Acuerdo en el ámbito municipal, en su carácter de Consejo Consultivo y no como Consejo Directivo o Ejecutivo.

A este respeto llamó la atención el inciso VII del Acuerdo que menciona que la Autoridad Municipal no está obligada a ejecutar las decisiones y propuestas que surjan del seno del Consejo contra la Discriminación. El representante municipal Lic. Salvador Vitelli Macías explicó que es necesario especificar los objetivos y alcances de este Consejo, aclarando que sí se obliga a la Autoridad de acuerdo con las atribuciones y el marco jurídico de este Consejo.

Se puso de relieve que el Consejo en la Administración anterior, había iniciado un Reglamento Municipal contra la Discriminación, que sólo fue un bosquejo y que puede ser materia de trabajo del Consejo 2013-2015. También se dio a conocer que tampoco está concluido el Manual de Operación del Consejo contra la Discriminación y que se debe trabajar en su elaboración para darlos a conocer a todos los integrantes de este órgano municipal.

En esta reunión llevada a cabo el martes 6 de agosto de 2013, asistieron la mayoría de las organizaciones convocadas para formar parte de este Consejo, y la reunión fue encabezada por el Lic. Salvador Vitelli Macías, quien planteó los objetivos del Consejo y pidió a los integrantes ofrecer propuestas para llevarlas a cabo, con especial atención en las propuestas concretas de los ejes centrales de trabajo que se presentarían al Presidente del Consejo, y al Cabildo de Mérida, con el propósito de que se apruebe un presupuesto para su ejecución a través de un Programa Operativo Anual (POAs) para el 2014.

La representante de CESSEX, Rosana Achach, mencionó que su Asociación se dedica a la impartición de Diplomados y consejería en Sexualidad Humana con énfasis en el enfoque incluyente y con fundamento científico. Dijo que llevan a cabo la Semana Cultural de la Sexualidad con invitados reconocidos en la materia, y destacó la difusión de temáticas como la Adopción homoparental y los Derechos de los niños, para que los temas sean materia de discusión y reflexión.

Propuso que se promueva un Diplomado en Diseño de Política Pública en materia de No discriminación, señalando que se debe plantear con contenidos que abarquen la discriminación en general y no sólo la discriminación por orientación sexual. También propuso la apertura de Centros de Superación para la difusión de contenidos sobre la no discriminación con instructores y capacitadores de la diversidad sexual.

Alfredo Morales Candiani, representante de Derechos Cultura y Diversidad Sexual (DCyDS), señaló que tienen tres años llevando a cabo actividades culturales, entre las que están la Semana de la Diversidad LGBTTTI. Dijo que entre sus objetivos está impulsar el talento artístico de los jóvenes de la diversidad genérica para desterrar estigmas y brindar a la comunidad una imagen más real del colectivo LGBTTT. También mencionó que desde el año pasado de 2012 organizan la Marcha del Orgullo LGBTTT. Propuso campañas de información y difusión.

El representante de la Asociación "Brazos Abiertos", Carlos Cabrera May, dio a conocer que tienen su oficina en Jardines de Mérida, y que llevan a cabo campañas de Prevención del VIH y aplicación de Pruebas Rápidas.

Miguel Sabido dijo que desde 1976 se ha interesado por ofrecer espacios de diversión y entretenimiento para los colectivos LGBTTT, y abrió el primer bar gay en Mérida, por lo que no desarrolla actividades de carácter social sino específicamente en el campo del esparcimiento y diversión, ya que es necesario que los jóvenes gays tengan lugares para divertirse.

El Dr. Douglas Canul, representante de la Asociación "Buenas Intenciones", dijo que es fundador y presidente de la primera Asociación gay de la localidad, fundada en el año 2000, para la difusión de información contra la homofobia y contra los prejuicios. Propuso que las autoridades deben dar difusión de la información a través de comunicados y de campañas de sensibilización.

El director del Albergue Oasis de San Juan de Dios, Carlos Méndez Benavides, indicó que este albergue es el primero en el país y que ahora sólo hay tres en México, que les han pedido asesoría para el establecimiento de esos albergues para enfermos de VIH. Señaló que han participado activamente en la promoción de la Ley Estatal contra la Discriminación, la lucha por el otorgamiento de medicamentos gratuitos para los tratamientos contra el VIH, y promotores de la Ley en Yucatán contra el VIH-Sida. También impulsaron el Primer Matrimonio Gay en Yucatán.

Señaló que sus expectativas del Consejo Municipal contra la Discriminación son muy amplias, esperando que efectivamente se puedan llevar a cabo acciones de beneficio a los colectivos LGBTTT, y mencionó que el CENSIDA que también es un Consejo ha estado muy limitado en sus acciones a favor de los enfermos de VIH, por lo que se tuvo que crear un movimiento ciudadano alterno que se denomina Grupo Multisectorial en

VIH-Sida, que ha llevado a cabo un trabajo concreto para la prevención del VIH.

Señaló que se debe aterrizar en las propuestas en la defensa de los Derechos Humanos, la Seguridad Pública, la Transgeneridad y los crímenes de odio. También propuso crear un premio a las personas destacadas en el activismo por los derechos humanos LGBTTT y que estos premios los entregue el presidente del Consejo que es el Alcalde de la ciudad de Mérida.

Germán Pasos Tzec, periodista con trabajos en la temática de la diversidad de género, dos libros de su autoría y un documental sobre los espectáculos travestis, manifestó su inquietud por el inciso 1 del Acuerdo que crea el Consejo contra la Discriminación. En la redacción menciona que este Consejo tiene el objetivo de elaborar políticas públicas a favor de las personas con diversidad sexual. Dijo que ninguna persona tiene diversidad sexual, por lo tanto se necesita que este inciso sea corregido. También mencionó las constantes quejas de los asistentes a los centros de reunión llamadas discos gays, debido a los elevados precios tanto de admisión como de consumo que se impone a los asistentes a esos sitios.

El Lic. Sergio Moreno de la Asociación Cocay Ciencia Social Alternativa, dio a conocer el trabajo que lleva a cabo su Asociación destacando los movimientos en los ámbitos profesional y jurídico, con un trabajo a favor de los derechos humanos de la diversidad sexual y con una participación importante en el logro del primer matrimonio gay en Yucatán. Señaló que pese a que se ha hecho público la orden de un juez federal para la realización del primer matrimonio gay, ninguna autoridad, ni municipal ni estatal, ha hecho ningún pronunciamiento al respecto.

Manifestó que este Consejo contra la Discriminación debe tener entre sus actividades emitir comunicados y pronunciamientos de prensa acerca de los avances en materia de no discriminación de la Diversidad de Género.

Lo anterior está entre los más relevante que se trató en la reunión previa a la instalación del Consejo que se fijó para una fecha por definir para el mes de septiembre de 2013. Se remarcó que los ejes, en los que se inician los trabajos son tres principales: Campañas, Reglamento contra la Discriminación y la Capacitación a los Servidores Públicos Municipales.

Instalan el Consejo contra la Discriminación de la Diversidad Sexual 2013-2015. El viernes 13 de septiembre de 2013, la Dirección de Comunicación Social del Ayuntamiento de Mérida, dio a conocer la instalación del Consejo Municipal contra la Discriminación de la Diversidad Sexual. Comunicó que este Consejo coloca a Mérida a la vanguardia en políticas públicas sobre ese tema y es parte del compromiso asumido por el Alcalde Renán Barrera Concha de construir una Mérida para todos. Menciona que el Consejo fue aprobado en sesión de Cabildo el martes 30 de julio de 2013. Lo integran regidores, funcionarios municipales y representantes de diferentes sectores de la sociedad. El alcalde Barrera Concha manifestó que las autoridades tienen la obligación y la responsabilidad de ofrecer una apertura total a los ciudadanos, como quedó plasmado en el Plan de Desarrollo Municipal de su administración 2012-2015.

El Ayuntamiento, afirmó, está abierto a tratar todos los temas y debatirlos hasta lograr consensos que permitan elaborar políticas públicas aplicables y que se traduzcan en bienestar para todos y para todas. El director de Desarrollo Social y Secretario Técnico del Consejo, Salvador Vitelli Macías, subrayó que una sociedad justa se basa en el respeto. Con la integración de este Consejo, el Ayuntamiento propone fortalecer su vinculación con la sociedad civil y la comunidad lésbico, gay, bisexual, travesti, transexual, transgénero e intersexual y organizaciones civiles, todo bajo la óptica humanista del actual Ayuntamiento, que es para todos, manifestó.

En la instalación del Consejo, varios de sus integrantes manifestaron su beneplácito porque la autoridad municipal por primera vez toma en cuenta a los diversos sectores de la sociedad para integrar consejos que ayuden en la tarea de gobernar. Se acordó que la primera sesión sería en un lapso no mayor de 15 días.

Integrantes del Consejo Municipal contra la Discriminación de la Diversidad Sexual. En la *Gaceta Municipal* del 2 de agosto de 2013, número 314, establece que el "Consejo Municipal contra la Discriminación de la Diversidad Sexual del Municipio de Mérida" estará integrado por:

> I. Un Presidente, que será el Presidente Municipal, quien será suplido en sus ausencias por el representante que él designe;
>
> II. Un Secretario Ejecutivo, que será el Director de Desarrollo Social;
>
> III. La Síndico Municipal;
>
> IV. Los Regidores integrantes de la Comisión de Grupos Vulnerables;
>
> V. Un Regidor representante de la Comisión de Gobierno;
>
> VI. Un Regidor representante de la Comisión de Cultura;
>
> VII. Los Directores o Titulares de las Dependencias de la Administración Pública Municipal siguientes: a) Policía Municipal; b) Comunicación Social; c) Cultura; d) Instituto Municipal de la Mujer; e) Director General de la Unidad de Planeación y Gestión Estratégica;
>
> VIII. Un representante de las Asociaciones o Instituciones que se relacionan a continuación: a) Comisión de Derechos Humanos del Estado de Yucatán; b) Universidad Autónoma de Yucatán; c) Centro de Investigaciones Hideyo Noguchi; d) Cámara de la Industria de la Radio y la Televisión; e) Indignación, promoción defensa de los derechos humanos, Asociación Civil; f) Ciencia Social Alternativa, Asociación

Civil; g) Derechos, Cultura y Diversidad Sexual, Asociación Civil; h) Fundación BAI, Asociación Civil; i) Ciudadanos Yucatecos por la Diversidad; j) Yucatrans; k) Red de Personas Afectadas por VIH; l) Oasis de San Juan de Dios, Asociación Civil; m) Instituto de Estudios Superiores en Sexualidad, Género y Violencia Asociación Civil; n) Buenas Intenciones, Asociación Civil;

IX. Las personas que se relacionan a continuación: a) Germán Pasos Tzec; b) Miguel Ángel Espinosa Dorantes; c) Shasti Góngora Rodríguez; d) Celmy Teresa Noh Poot; e) Josué Oswaldo Pech Jiménez; f) Gina Villagómez Valdez; g) Miguel José Sabido Sosa; h) José Luis Gamboa Encalada, y

X. Demás organizaciones y/o miembros de la sociedad civil a invitación del Presidente del Consejo.

Estrategia General del Consejo contra la Discriminación de la Diversidad Sexual. En sesión llevada a cabo el 21 de noviembre de 2013, los integrantes del Consejo Municipal contra la Discriminación de la Diversidad Sexual, establecieron la elaboración del Plan de Trabajo del Consejo, por medio de tres estrategias o ejes de acción, y los participantes se agruparon en tres mesas de trabajo:

1) Proyectos municipales con perspectiva de diversidad sexual. En esta mesa de trabajo se elaborará un plan que incluya la transversalidad de la perspectiva de género, así como la institucionalidad de este Plan. El propósito es que se institucionalice para que se garantice su permanencia en el Ayuntamiento de Mérida, independientemente a los funcionarios y del partido que esté en la administración municipal.

2) Elaboración de campañas de promocionen el respeto a la diversidad. En esta mesa se trabaja en planear, diseñar, organizar, apoyar y evaluar los programas y actividades implementados en materia de discriminación, tolerancia y respeto a los derechos humanos.

3) Capacitación a funcionarios municipales e integrantes del Consejo. En esta mesa se trabaja en las estrategias para fomentar un trato equitativo y justo hacia todas las personas en los servicios públicos municipales.

Actividades del Consejo abiertas a la ciudadanía en 2013.- Representantes de cuatro asociaciones civiles que son las siguientes: Ciudadanos Unidos por la Diversidad, Yucatrans, Círculo Gay Ricardo Zimbrón Levy, y Asociación Ciudadana por la Prevención del VIH-Sida, propusieron y llevaron a cabo el evento "Foro de los 41: Crónica de los movimientos LGBT en la ciudad de Mérida 1960-2013". Este evento se llevó a cabo el 25 de noviembre de 2013, y fue el primero que el Consejo ofreció de manera abierta a la ciudadanía. El objetivo fue dar a conocer testimonios de personas que participaron en los movimientos LGBT, desde los primeros activistas hasta las más actuales demandas que se han presentado ante el Congreso del Estado para avanzar en la igualdad en el respeto a los derechos de todas las personas.

Otro evento importante se realizó el 30 de noviembre de 2013, cuando se llevó a cabo el encendido de luces rojas que iluminaron el Monumento a la Patria de Paseo de Montejo, un acto realizado por primera vez en la ciudad de Mérida en conmemoración del Día Internacional de la Lucha contra el VIH-Sida. Este evento se llevó a cabo promovido por el Consejo Municipal contra la Discriminación Sexual, y que fue propuesto por la Asociación Brazos Abiertos Internacional (BAI) y el Albergue San Juan de Dios de Conkal. Esta propuesta también fue apoyada por representantes de la Red de Personas con VIH-Sida, y de todas las asociaciones integrantes del Consejo. Durante el acto se entregó simbólicamente una solicitud a las autoridades estatales y al Congreso del Estado, de establecer la atención universal para todas las personas con VIH.

Las actividades continuaron el domingo 1 de diciembre de 2013, a las 9:00 horas, con una caminata que partió del Re-

mate del Paseo de Montejo hasta el Monumento a la Patria, participando la mayoría de los integrantes del Consejo, público en general y la asociación juvenil de ciclistas "Los Turixes".
Propone el Consejo en 2014 modificar el Bando de Policía Municipal.- Entre las más importantes actividades llevadas a cabo en 2014, pueden mencionarse la elaboración de un folleto informativo acerca del Consejo y la modificación del Bando de la Policía Municipal. Respecto del Bando, se consideró que muchas personas de la diversidad de género han manifestado inconformidades por la actuación de los agentes policiacos, debido a que el Bando presenta principios moralistas y los policías lo aplican según sus criterios subjetivos.

Por esta razón se planteó la modificación del enunciado del Artículo 66 de este Bando. La versión anterior de este artículo es la siguiente: Artículo 66. Para los efectos de este Bando se consideran faltas e infracciones, las que alteren el orden público o afecten la moral y las buenas costumbres, realizadas en la vía pública, en lugares de uso común, acceso público o libre tránsito, siempre y cuando no constituyan un delito.

La modificación propone lo siguiente: Artículo 66. Para los efectos de este Bando se consideran faltas e infracciones las que alteren el orden público o atenten contra la dignidad y derechos de las personas, realizadas en la vía pública, en lugares de uso común, acceso público o libre tránsito, siempre y cuando no constituyan un delito. El presente artículo no justificará ningún acto discriminatorio.

La regidora Paloma Angulo, miembro del Consejo, expuso que era necesario definir el cómo se presentará esta propuesta, y se recomendó que el recién nombrado Director de Desarrollo Social, y secretario técnico del Consejo, Lic. Julio Sauma Castillo, envíe por oficio este documento a la Directora de Gobernación. Recalcó que este proceso sigue un curso que puede durar varios meses antes de pasar a Cabildo. Pidió a los integrantes del Consejo paciencia y resaltó la importancia de dar este primer paso y darle seguimiento.

La regidora Paloma Angulo dio a conocer en una sesión del Consejo a finales de 2014, que los regidores han recibido esta propuesta que entregó en un oficio el secretario técnico del Consejo, Lic. Julio Sauma Castillo, en la Dirección de Gobernación Municipal. Reveló que todos los regidores han manifestado su aceptación a esta modificación del Bando de Policía, por lo que es un hecho que en la próxima sesión ordinaria de Cabildo, en la que se pondrá a votación este acuerdo, los regidores votarán a favor de la propuesta del Consejo.

Dijo que esta sesión estaría programada para los primeros meses de 2015, antes de las elecciones de este año, y de aprobarse esta modificación, las parejas gays, de hombres o de mujeres, que muestren expresiones de afecto, como caminar tomados de la mano o darse besos en espacios públicos como parques, plazas comerciales y salas de cine no podrán ser molestados por la policía, lo que es un avance sin precedentes en la ciudad de Mérida, logrado por el trabajo insistente y entusiasta del Consejo Municipal Contra la Discriminación de la Diversidad Sexual.

El 19 de mayo de 2014, el director de Desarrollo Social Salvador Vitelli fue sustituido por el Lic. Julio Sauma Castillo. De fuentes extraoficiales se informó que el Lic. Salvador Vitelli, solicitó su renuncia al cargo debido a que iniciaría una campaña de difusión para participar como candidato a una diputación en el proceso electoral de 2015. El Lic. Julio Sauma Castillo asumió la secretaría técnica del Consejo y se comprometió a apoyar las propuestas que surjan de los integrantes de las asociaciones civiles en beneficio de los colectivos LGBTTT.

Consideraciones finales

Partiendo del cúmulo de hechos que se han generado a través de los años, desde mediados del siglo XX, en torno a las expresiones lésbico-gay en la localidad, y que he presentado en esta recopilación de acontecimientos, a continuación presento una caracterización en etapas o momentos de los movimientos LGBTTT en Mérida:

1) Etapa incipiente (1970-1990).- Los precursores. Se inicia el despertar de la conciencia de que se necesita la acción ante la represión, el rechazo y la falta de información científica y laica. Autoidentificación de la presencia de homosexuales y lesbianas como colectivos excluidos. Surgen las primeras agrupaciones de activistas y las primeras asociaciones de atención a las personas con VIH, con la participación de gays y lesbianas. Florecen los grupos travestis y las discos gays. La interlocución de los activistas se da hacia la sociedad en general.

2) Etapa de Frente Común (1990-2007).- Se fundan organizaciones civiles a favor de la diversidad. Las asociaciones y agrupaciones presentan demandas generales a través de los medios de comunicación. Se organizan las primeras Marchas del Orgullo y la Visibilidad, apoyadas por las asociaciones civiles. Se presentan demandas concretas en atención a los pacientes de VIH. Se inicia la interlocución a las instituciones.

3) Etapa del surgimiento de la disidencia. Demandas a los Tres Podres del Estado (2007-2012).- Separación de las asociaciones de la Marcha del Orgullo. Decae la participación en las

Marchas del Orgullo. Asociaciones combativas llevan a cabo plantones y manifestaciones ante el Palacio de Gobierno y el Congreso del Estado con demandas y pliegos petitorios concretos a favor de la diversidad de género. Demanda de eliminar Leyes y Reglamentos represivos y discriminatorios hacia los colectivos LGBTTT.

4) Etapa actual (2012-2014).- Demanda al Estado y a los tres niveles de gobierno, por parte de las asociaciones civiles, de dar cumplimiento a las leyes de igualdad para todos y todas en Yucatán. Se logra el primer matrimonio gay y el primer concubinato en base a amparos judiciales. En 2013 la Marcha del Orgullo de Mérida recupera su representatividad con miles de participantes. La Marcha del Orgullo no presenta a ninguna figura del gobierno. Están pendientes a partir de 2013 las siguientes demandas a los Poderes Ejecutivo y Legislativo: El Matrimonio Universal; El Reglamento de la Ley contra la Discriminación en Yucatán; la Tipificación de los Crímenes de Odio por Homofobia; la Ley de la Reasignación de Género; la atención y tratamiento universal para las personas con VIH-Sida; y la derogación de las leyes homofóbicas: el Artículo 94 de la Constitución Política del Estado de Yucatán, así como el Artículo Segundo del decreto 219 que reforma el Artículo 316-A, Fracción V del Código Civil del Estado.

El cambio social hacia la incorporación de las diversidades de género, así como la aceptación de los nuevos conceptos e ideas sobre las diferentes e infinitas expresiones genéricas, presentan resistencia en nuestro medio, pero se está logrando un avance gracias a los movimientos, manifestaciones y demandas de la sociedad civil organizada.

¿Cuál es el temor de aceptar una sociedad más igualitaria? Creo que la percepción respecto de la homosexualidad ha cambiado. Lo que antiguamente horrorizaba a la sociedad era que los homosexuales eran depravados, enfermos y violentos; ahora lo que horroriza a la sociedad es el hecho de que surjan parejas de homosexuales estables, que sean ejemplo de familias integradas, con hijos saludables física y emocionalmente.

Una situación que han manifestado los activistas de los colectivos LGBTTT en la ciudad de Mérida, es la división y la falta de unión entre las personas que forman parte de estos colectivos. Señalan que existe el individualismo, el afán por figurar y la simulación en las actividades que supuestamente se realizan en beneficio de las colectividades. Lamentan que las acciones e iniciativas de avanzada que los activistas más comprometidos promueven, no encuentran respuesta y tienen escasa participación de los colectivos LGBTTT.

Asimismo, señalan que en la ciudad de Mérida la discriminación que los gays, lesbianas y transgéneros resienten de la sociedad, es la misma discriminación que ejercen los colectivos LGBTTT en contra los gays, lesbianas y transgéneros al interior de estos grupos. A esto se ha llamado "homofobia interiorizada".

Como último punto, quiero señalar que esta *Crónica de los Movimientos LGBTTT en la ciudad de Mérida* es una recopilación de innumerables hechos llevados a cabo por la sociedad civil, para exigir el respeto a los derechos humanos y la igualdad de todos y todas en la ciudad de Mérida y en general en el estado de Yucatán.

Hay varios autores que han documentado los movimientos de los colectivos gays y lésbicos en la capital del país, entre los que se puede mencionar a Gina Fraty y Adriana Batista en *Liberación Homosexual en México*; Braulio Peralta en *Los nombres del Arcoiris*; Xabier Lizarraga en *Una historia sociocultural de la homosexualidad*, y *Semánticas Homosexuales*; Rodrigo Laguarda en sus libros *Ser gay en la ciudad de México: Lucha de representaciones y apropiación de una identidad, 1968-1982*, y *La calle de Amberes: gay street de la Ciudad de México*; y Carlos Monsiváis en *Que se abra esa puerta: Crónicas y ensayos sobre la diversidad sexual*.

Ahora la ciudad de Mérida cuenta con un documento mínimo a manera de crónica de los movimientos LGBTTT, que puede ser útil como referencia para nuevas y más profundas crónicas y estudios sobre las expresiones de las diversidades de género.

El camino de los activistas LGBTTT, no sólo son los derroteros que llegan a la Plaza Grande, el camino es mucho más largo, y tiene que ver con la lucha por la aprobación en Yucatán del Matrimonio Universal, la creación del Reglamento de la Ley Estatal contra la Discriminación, la Ley de Reasignación de Género, la Tipificación de los Crímenes de Odio por Homofobia, entre otros pendientes que se tienen en el Estado para avanzar en la equidad y la igualdad de todas y todos.

Anexo fotográfico

Teatro de la Universidad Autónoma de Yucatán donde se presentó la obras de teatro gay *Los chicos de la banda*.

El Parque Hidalgo tuvo fama en los años 50 y 60 de ser un lugar de reunión de homosexuales.

Portada del cuaderno sobre diversidad sexual y derechos humanos *Todos Diversos, iguales en derechos*, editado en Mérida en 2010.

Portada de la publicación del Observatorio de la Violencia Social y de Género en Yucatán, editado en Mérida en 2009.

Tríptico del Taller "Joven gay empoderado igual a prevención del VIH", que se impartió en Telchac en 2007.

Cartel de la campaña "Todas y todos por un Yucatán diverso" llevada a cabo en 2009 por diversas asociaciones civiles.

Fachada de la casona donde funcionó la primera disco gay en Mérida "Disco Charros", en la calle 60 con 53 cerca del parque de Santa Lucía.

Cartel de la famosa disco gay "Kabukis" que funcionó a finales de los 80 y toda la década de los 90.

Cartel en Facebook que anuncia el evento Señorita México Gay 2013 de Carlos y Meche en el D. F.

Cartel promocional en Facebook de la disco gay "Blue-Namú" en 2013.

Portada del libro *Travestis, transgéneros y transexuales de Mérida* enfocado al mundo de los espectáculos travestis.

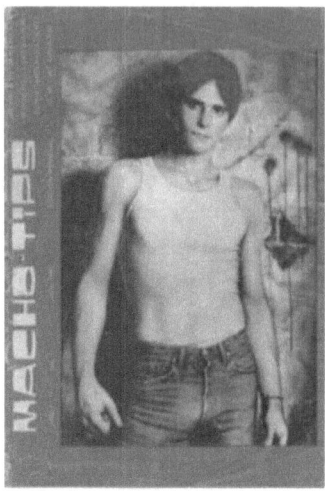

Portada de *Macho Tips,* número 1, editada en la capital del país, primera revista gay que circuló en Mérida en 1985.

Primera Marcha del Orgullo Gay en Mérida en 2003

Cartel de la VI Marcha del Orgullo Gay, los logos de asociaciones civiles participantes aparecen en la parte de abajo.

Manifestación LGBTTT en el Monumento a la Patria en junio de 2013.

Hervé y Jorge se casaron en el D. F. ante la imposibilidad de legalizar su unión en Yucatán.

En 2012 representantes de organizaciones civiles clausuraron simbólicamente los Poderes Ejecutivo y Legislativo.

Clausuras simbólicas del Congreso y el Palacio de Gobierno llevaron a cabo en 2012 activistas de la sociedad civil.

Ley Federal para Prevenir y Eliminar la Discriminación,
publicada en 2004.

Cartel del documental "Ser y no ser" acerca de la vida del célebre transexual yucateco Raúl García Santinelli.

Carátula del DVD "50 Años de los espectáculos travestis en Yucatán", documental premiado por Conaculta y el Instituto de Cultura de Yucatán en 2010.

Instalación del Consejo Municipal contra la Discriminación de la Diversidad Sexual, que presidió el alcalde 2012-2015, Lic. Renán Barrera Concha.

Uno de los textos que documenta el movimiento lésbico-gay en la ciudad de México: *Liberación Homosexual*, de Gina Fratti y Adriana Batista, Editorial Posada, México 1984.

ÍNDICE

Introducción	9
Capítulo 1. Las y los precursores	13
Capítulo 2. Activismo de la sociedad civil	37
El VIH	37
Los Derechos Humanos	43
Los académicos	69
Capítulo 3. La trasgresión homosexual en Mérida	85
Contra los homosexuales, las razzias	85
El sexoservicio homosexual	95
Las discos gay	103
Peligros de la discriminación	116
Las revistas gay	136
Capítulo 4. Las marchas del orgullo	139
Las marchas del Orgullo Gay y la Visibilidad	139
Mammie Blue	153

**Capítulo 5. La disidencia combativa.
Principales demandas LGBTTT hasta 2014**   165

Matrimonio para Todas y Todos en Yucatán   165

Movimiento por la Transgeneridad   186

Tipificar los Crímenes de Odio por Homofobia   199

Reglamentos para la No Discriminación   208

**Capítulo 6. Consejo municipal
contra la discriminación de la diversidad sexual**   211

Consideraciones finales   225

Anexo fotográfico   229

Editorial LibrosEnRed

LibrosEnRed es la Editorial Digital más completa en idioma español. Desde junio de 2000 trabajamos en la edición y venta de libros digitales e impresos bajo demanda.

Nuestra misión es facilitar a todos los autores la edición de sus obras y ofrecer a los lectores acceso rápido y económico a libros de todo tipo.

Editamos novelas, cuentos, poesías, tesis, investigaciones, manuales, monografías y toda variedad de contenidos. Brindamos la posibilidad de comercializar las obras desde Internet para millones de potenciales lectores. De este modo, intentamos fortalecer la difusión de los autores que escriben en español.

Ingrese a www.librosenred.com y conozca nuestro catálogo, compuesto por cientos de títulos clásicos y de autores contemporáneos.

www.ingramcontent.com/pod-product-compliance
Lightning Source LLC
Chambersburg PA
CBHW022005160426
43197CB00007B/278